NEW
CLASSIC
LIBRARY

自《おと》ら歴史を貶《し》める日本人

西尾幹二
＋現代史研究会
福地惇／柏原竜一／福井雄三

徳間書店

新装版へのまえがき

日本国内の「世界の見方」を転換させるために

一

人と人との出会いにはときに驚くべきものがある。で、誰も知らない話を初めに三つほど綴《つづ》る。

先ごろ横浜市長を三期十二年もつとめて切り上げた林文子さんと私は知り合いだった。彼女は私の友人だったBMW日本支社長のT氏の部下だった。今から十五年ほど前になるが、月刊誌『VOICE』が著者を囲む企業読書人の会という企画を私に割りふってきた。T氏が五、六人の若い社員を引き連れて、私の新刊本を論評する集いの席に現われた。その中に林さんがいた。

勿論それだけなら話はこれで終るのだが、ずば抜けて頭の切れる、しっかりした彼女のことは当然印象に残る。加えて彼女の口からとても気になる発言が飛び出して、私には忘れようにも忘れられない出来事が起こったのだった。

私の新刊本に対するお集りの皆さんの質疑応答が終って、お茶を頂くフリーな時間帯に変わってからだったと思う。彼女は告白するように語った。自分は日本舞踊であれ、日本画であれ、歌舞伎、文楽のたぐいであれ、古い日本の伝統文化を学ぶことはなぜかしてはならない悪いことのように思いなし、永い間ためらいつづけ、罪責感を抱き、近頃は息苦しくなって少しずつそこから脱皮するように心がけている、等々。

彼女はこんなことを切実な悩みごととして私に訴えたことを今も覚えているだろうか。受け止めた私の気分はひたすら重苦しく、軽口で外らすこともできない空気だった。

私は彼女より十一歳上である。この年代の男女に知人も多く、いろいろ思い当る節がある。全共闘世代かなとも思った。

林さんの事務行政能力は高く、友人は自社の社長の後任に彼女を抜擢し、それを切っ掛けに彼女はあっという間に出世街道をかけ昇った。私は友人の出世に適した才幹を見抜く能力、人を見る目の確かさを喜び、祝福した。

この件はそれ以上でも以下でもない。

二

同じく神奈川県の話題である。

黒岩祐治知事がテレビのキャスターだった時代か、県知事になられた直後か、やはり同じようにかなり遠い時代の出来事なのだが、ある会食の席で彼が私の言葉遣いに疑問を投げかけてきた。丁寧な遠慮深いもの言いであって、決して喧嘩腰ではない。私が民主主義の反対概念は専制国家体制、あるいは独裁主義であるというような意味のことを言ったのに対し、黒岩さんは「自分は民主主義の反対概念は軍国主義だと教えられてきたのだが……」と、ためらいがちの表現ではあるが、明確に私に訂正を求めた。会食の席なので私は論争を回避した。黒岩さんはもう覚えておられないだろうし、ここで論争を復活するために再述しているのではない。

最近コロナの対策でご苦労を重ねている黒岩さんのお姿をテレビで見ることが多く、首相にも遠慮なく正論を語る彼の勇気にひごろ拍手を送っている立場なので、今さら昔の言葉尻《じり》をあげつらうつもりはまったくない。ただここにも「世代」の翳《かげ》りが宿っているように思えてならなかった。私は八十六歳、黒岩さんは今六十六歳であられる。

私見では軍国主義という政治概念は存在しない。軍事体制が強化された国家とそうでない国家の違いはもちろんある。前者を便宜上軍国主義体制下の国と呼ぶことはある。戦時中アメリカもイギリスもフランスもその意味において軍国主義になった国だった。民主主義の国でありながら同時に軍国主義国家になった。日本も同様である。明治以来日本も議会が開かれている民主主義国家でありつづけていた。軍事体制が強化された変則的時代はたしかにあった。しかしそれは欧米諸国においても同様である（ドイツは「第三帝国」を自称したので、過去の「帝国史」とのつながりを主張していて、これはまた別である）。

こうしたものの言い方は堂々めぐりになるので、軍国主義という言葉は政治概念としては使用しないのが賢明であると私は提言したい。とりわけアメリカは民主主義国であり、日本は軍国主義国であり、そしてアメリカは日本に民主主義の何たるかを教えた国だという敗戦国型の図式で歴史を考えるのはもうそろそろ本気で止めようではないか、ということだけは強調しておきたい。

三

三番目の事例はある若い無名の女性テレビキャスターとの対話中に起こった。

花田紀凱氏がまだ『Ｗ・ｉＬＬ』の編集長であった時代に、私はご皇室のあり方に関するテレビ独自放送の一時間インタビューを受けることになった。保守系メディアのテレビキャスターだけあって、彼女は物腰、言葉遣い、美貌において申し分なく、インタビューは礼儀正しく、かつ計画通り順調に行われた。問題が起こったのはここでも正規の応答がすべて終った後であった。ひと休みしているくつろいでいる時間に入ってから私は彼女に質問した。

「今日はご皇室のテーマに関していろいろの話題を率直に語ることができましたが、貴女がどう考えているかについてはついに聴けなかった。若い女性がどう考えているかをひごろ知りたいと思っている人は多いので、遠慮なく思う処を聞かせて下さい」

彼女は最初もじもじして要領を得なかったが、再三促されてやっと口を開いた。

「わたし、天皇のことは考えないようにしているのです」

「なぜですか?」

「ヤバイから……」

え? と私は言葉にびっくりして相手の顔を見た。お嬢さん風の彼女の口からよもやこんな言葉が出てくるとは思わなかったからだ。

四

以上取り上げた三つの事例は、日本の社会のある意味での指導層、ハイレベルに生きる、どちらかといえば保守的な人々の予想に反した反応（というよりも考えてみれば予想した通りの応答であったのかもしれない）であって、裏声であり、本音の吐露と解すべきものなのかもしれない。そしてこれらを三つ並べてみると、いま表面の言論の地下水脈となって轟々と音を立てて日本の社会を背後で動かしているのはまさにこの裏声であり、残念ながらすべての正論、理筋の通ったすべてのオピニオン、国家として日本を良くしようと背筋を立てて叫んでいるわれわれの声はこの地下水脈によって空しくかき消されて行くばかりなのかもしれない。

天皇に関することを「ヤバイ」と言った意味は、天皇について語ればどうしても必然的に戦争ないし戦争時代の歴史に関係してくるので、そういうことは話題にしたくない、というほどの意味らしいことは彼女との二、三の対話から明らかになった。黒岩知事が民主主義の反対概念は「軍国主義」だと即座に反応したのも、同じような心理的動機に発していたように思える。

一方、自由と民主主義が今のわれわれにとってはたしかに疑うことの許されない絶対的な「善」であることは今では広い層に支えられているように思える。それはその通りで、私も政治評論を書くかぎり、同じように考察し、ひごろ同様の価値判断を下している。けれども自由と民主主義と同じくらいのレベルと意味合いにおいて並列して守るべきものと見なされることが許される同質の概念がもしもあり得るとしたら、それは決して「平和」ではない。自由と民主主義を守るために、いざとなったら捨てなければならない概念、これが「平和」なのである。このことは、今も地球上で日々限界点における悲劇として展開されている政治現実をみれば明らかであるといえるだろう。

自由と民主主義は大切である——そこまでは大方の人の意見が一致する共通ラインかもしれない。しかしそこから先が問題なのだ。家族、民族、国民国家、ナショナリズム——これらが自由と民主主義の敵ではなく、むしろ自由と民主主義の側にあり、各国の歴史をみても自由と民主主義を守り育ててきた母胎であると今私が言い切れば、まだ百の反論が出て来そうな雲行きであるかもしれない。けれども逆に、移民の自由、国連中心主義、世界連邦、グローバリズム——これらこそが自由と民主主義の味方であり、民族のエゴイズムを克服して、人類が格差をなくし、永遠の世界平和を実現する高い理想の目標価値そのものにほかならない、と言い切れば、これまた首を傾げる人が限りなく現われるであろう。単に理想が高いからではなく、民族のエゴイズムを否定するそのことが人間の本性に反し、もしこれを無視して強引に人類共生の理として通そうとすれば、美しいワンワールドの名においてどこかの一民族が史上例のない新しい「帝国主義」を実現することに手を貸す以外のいかなる結果をも招来しないであろう、と想定されるからである。

以上のような百家争鳴が予想され、自由と民主主義は大切だというひたすらその一点に立つことにとどまりつづけるばかりで、そこから先へは容易に前へ進めない。

それが今の世界の心理的現実であるように私には思える。

五

本書『自ら歴史を貶《おとし》める日本人』の初版本は、私のほかに福地惇、福井雄三、柏原竜一の三人が現代史研究会の名において起ち上げた『ＷｉＬＬ』誌上の討議を、二〇一二年徳間書店から一冊の本にまとめ上げたものである。このたび九年ぶりに新装版として再出版される運びとなった。同書においてわれわれ四人が徹底的に批判したのは半藤一利、加藤陽子、保阪正康、秦郁彦、北岡伸一の諸氏であって、われわれが見る限り、彼らはいわゆるＧＨＱ史観をひたすら墨守し、日本をいわば永久に占領下に置く敗北史観を固定化しようとする政治主義的背景から歴史を語りつづけている懲りない面々である。彼らの中で最近メディアに急にその名が取り上げられ、話題となったのは、半藤氏の急逝であり、政府から日本学術会議の新会員任命を拒まれニュースになった加藤陽子氏をめぐる情勢の変化である。日本学術会議は任命権がどこにあるのかよく分からないもともと怪しげな団体で、戦後からずっと日本共産党の下部組織だと言われつづけて久しい。加藤さんはなるほどそういう素性の人材だったのかと広く知られて、かえって世間の蒙を啓く上で役立ったともいえる。半藤、加藤の両氏は他の面々に比べて抜きん出て語り口が巧妙で、一読した程度の読者には詐術が見抜けないほど主動機がカモフラージュされているのを特徴とする。

当時私たちの目の前に標的として最初に置かれていたのは、半藤氏のベストセラー『昭和史』だった。私たち四人の中で最も早く、かつ最も緻密に同書を解体研究したのは同じく近現代日本政治史を専門の研究対象としていた元高知大学教授、元文部省主任教科書調査官の福地惇氏だった。氏の評論、「半藤一利著『昭和史』を批判する」は明敏にして犀利、行き届いた分析と完膚なきまで紙背に徹した批評精神でまことに申し分ない一文で、今ここで全文をお目にかけたい思いは切実である。私たち他の三人は同論文から直かに影響を受けた。少くとも私はもろにお陰を蒙った。本書に収めた拙論はその影響下にある。

福地惇氏は『昭和史』にはマルクス主義の影は薄くなっているが、「半藤氏は戦争を好む『悪い勢力』と平和を望む『善い勢力』との鬩《せめ》ぎ合いが、戦前の昭和史の主旋律だったと主張します」とまず最初に規定している。「つまり、陸軍の『統制派』や海軍の『艦隊派』や議会の『民族主義者』らが『悪』です。他方、昭和天皇、元老西園寺公望、穏健な政党政治家や永井荷風等の文学者、そして海軍の『条約派』（米内や山本への高い評価）ら『良識派』は『善』です」。「『悪』は『善』を威圧し排除して、シナ大陸侵略の『無謀な戦争』を推進し、挙句の果てに『世界の平和と安定』を希求する英米ソと激突する馬鹿な道に嵌り込んで、国家の滅亡へと誘導したと叙述します」。大日本帝国は帝国内の侵略主義勢力によってシナ大陸、東南アジア、太平洋へと戦線を広げたが故に、「平和と民主主義の使徒である『正義の連合国』に懲罰されたのだと説教します」。

米英ソ連合軍が正義の徒で日本は一方的に不正と悪の塊りだった、というこんなたぐいの単純な歴史物語がいまだに広く語られ、ベストセラーでありつづけている愚が明言されている。これはたしかに真に驚くべき事実であり、この愚昧の継続自体が問題である。福地惇氏を筆頭に、福井雄三、柏原竜一、それに私の四人がこれに反撃し、徹底的に論破していく本書の叙述にまず耳を傾けて下さいと申し上げるのだが、その前になぜこれほどスキだらけのいい加減な独断の書が世評も高く、穏健な読書界に幅広く迎えられたのか、その謎を解かねばならない。

日本の読書階級の心の謎に目をこらしていただきたい。なにしろ半藤氏はたびたび皇室に招かれ、秋篠宮家の悠仁親王殿下にもご講話を申し上げる立場であった由、報道されている。将来の天皇になられる方に、戦争は一国だけで起こせるものときめつけ、相手国にも戦意があって初めて戦争は起こるものであり――これは余りにも自明の理――米英ソにも日本に勝るとも劣らない不正と悪の積み重ねがあったことを教えない半藤氏の面白おかしい一知半解な日本懲罰の歴史マンガを一方的に親王殿下の前で語りつづけたに違いないシーンを思うと、まことに由々しいことだとも、空恐ろしいことだとも考えずにはおられない。

そこで私が本日なぜ冒頭に三人の出会いのエピソードを語ったか、つまり日本社会の背後に渦をなして流れている三つの暗流の存在を示唆したか、その理由を今一度思い起こしていただきたい。

日本舞踊であれ、日本画であれ、歌舞伎や文楽であれ、伝統文化に接することに素朴なよろこびではなく、ほんの僅かでも罪の意識を抱く人がいたという現実は、いかなる教育宣伝によって起こったのだろうか。

自由と民主主義は何よりも大切であるがゆえに、それをいかなる敵から守るかの概念を国民はつねに明確に知っていなくてはならない。議会も選挙も存在しない専制主義や独裁主義こそが自由と民主主義の敵である。条件反射的に自由と民主主義の敵は軍国主義だと深く考えもせずに反応する思考のパターンもまた、久しい期間にわたる教育宣伝の力によって生じた結果といえるであろう。自由と民主主義を守るためにこそ、ほかでもない、ときに軍事という手段を取らなければならないこともあるのではないか。

天皇や皇室のことを考えるのは「ヤバイ」というまことに赤裸々でストレートな感情が一定の世代層の間に実在するとしたら、これも深く憂慮すべき由々しい事態である。「ヤバイ」は危険で、きわどく、あぶないの俗語である。天皇の制度を根こそぎ葬り去ろうとする勢力の時間をかけた努力が少しずつ功を奏している証拠である。これも社会の風潮といって片づけるには余りに深刻で、戦後の長い歴史教育、半藤一利風の敗北史観の今日に及ぼしている思考の残骸からの影響もその一つである。天皇やご皇室の側にもむろん責任がないわけではない。

さて、半藤一利、加藤陽子、保阪正康、秦郁彦、北岡伸一の諸氏、あるいはこれらの人々につづく同質思考のGHQ史観が倫理的にも学問的にもほとんど論破され、思想界のお蔵入りになっているのになお本が出れば売れ、ときにベストセラーになったりしてきたのは、右に見た三つの例で分かり易くなったと思うが、本を読む前にすでにこれを抵抗なく受け入れ歓迎する社会風土がらみの条件があらかじめ存在し、受け皿が用意されているからに外ならない。

福地惇氏が先述の評論の中で、この点について的確で印象的な名言を吐いている。流石である。

半藤一利氏の『昭和史』の特徴の一つは、「……博識からする歴史事実を良く踏まえた良識的歴史叙述に思え、ぼんやりと読んでいると、『昭和史』とは正にこのようなものだったのかと妙に合点せざるを得ない気持ちにさせられるのです」。

福地氏は敵を正確に見ている。

ぼんやりと読んでいると騙されてしまうという意味である。そして世の中の大半の人はぼんやりとしか本は読まないのである。害毒は、ウイルスのように社会内に瀰漫《びまん》している。

しかしながら皆さん！　今じつは幸いなことが起こっている。社会内に変化が生じているのである。ここからが本稿の主題である。

社会は言論によっては決して動かない。言論は基本的に無力である。私たち四人の反論の書は味方を少しずつ増やすことはあっても、日本社会の世界像を大きく転換させる力は持っていなかった。日本全体のものの見方を大きく変えるのは日本の外の世界の、現実全体の大きな変化である。冒頭に掲げた三人のエピソードはおよそ十―十五年前の出来事で、今は同じ世代の人でもあの話を聴いて昔とはかなり違った反応をしているはずである。

私は自分の言葉の無力を嚙みしめるペシミストだが、未来の変化を信じるオプティミストでもある。

六

おそらく十―十五年ほど前まで、あるいは人によっては最近まで、家族、民族、国民国家、ナショナリズムと並べ立てられたら、否定的概念の連鎖として次に起こるのは独裁主義、全体主義、ファシズム、帝国主義、そして戦争の誘発という風に相次いでネガティブな言葉が口を継いで出てきたのであろう。そういう鸚鵡《おうむ》返しの思考訓練が学校教育と新聞テレビ等のメディアによって国家内部においてほとんど無意識の自動運動と化して行なわれてきたからである。しかし、この十―十五年の世界の動きを冷静に見ている者の目に、全体主義や帝国主義を引き起こす主体はナショナリズムではなく、むしろ国境の壁を低くする運動に端を発したグローバリズムの方であると考えられるようになってきている。西側におけるEUの連帯と中国共産党による一帯一路の経済貿易帝国主義の二つの目立つ動きがまず起こった。次いでアメリカやイギリスを中心にウォール街やシティの巨大資本がハイテクノロジーの大企業集団を巻きこんで国境を越えた目に見えない不気味な地球規模の運動を開始した。これは今まで余り明確に主唱されることはなかったが、二〇二〇年―二〇二一年の米大統領選挙とイギリスのEU離脱で露骨にその姿を顕在化させた。そのおかげで、否応なく政治的スーパーパワーとして認識されるようになった。俗に言う「ディープステート」のことを言っているのである。

自由と民主主義を脅かすものは一体どちらであるか。ナショナリズムであるか、グローバリズムであるか。各国国民の愛国心か、それとも超国家的方向の合理主義か。今までの知識人世界の普通の考え方、常識的判断に従えば、自由と民主主義を危うくする敵はだいたいにおいて前者だと相場がきまっていたように思える。ところがトランプ大統領がその巨大な愛国的感情にも拘わらず乗り超えることの出来なかった二〇二〇―二一年の選挙は、対決する相手が最初から「自由と民主主義」の原則を守る意思がなく、憲法に則った米国の法秩序に従う意思もなく、振りかざす前から賽子《サイコロ》の目はどちらが勝つかが決まっているイカサマの勝負であったことを示していた。アメリカの歴史はあれから取り返しのつかない誤作動を継続している。いま存在しない非歴史的時間を経過しつづけていることを意味する。国連はじめ各国政府はこの事実を承知していて、ウソの国際政治を芝居さながらにすべて承知で演出しているのである。

アメリカの政府はアメリカ国民を代表していない。この事実は世界中に知れ渡っているが、それなら他の国はどうか。中国では国家を統治する共産党の党幹部が巨額の資金を海外に持ち出して逃亡準備に余念がない。これは国家を支配する組織が国家の外にあることを意味している。中国の例は、徳義の腐敗であり、賄賂や不法の横行は中国文明の体質からくるとよく言われ、そういう面もたしかにあるのであろうが、それだけではなく、共産主義国は一握りのエリート層によって支配され、エリート層は国家とも国民とも別の存在で、国家や国民を外からコントロールしている中国型グローバリズムの特質を示しているというべきだ。これは欧米のグローバリズムと一致したものとはいえまいが、体質的、精神的、心理的にどこか繋がるところがあるに違いない。

アメリカやヨーロッパの国際金融カルテルは中国共産党と同様に、選挙の洗礼を受けずに人民や国民を支配している。つねに世界政府的な志向性を持つ超越的存在である。好き勝手に国境を無視して活動するグローバリズムのスタイルにおいて中国の統治方式に似ている。図体ばかり大きくて民衆の目に全体が見えない点でヤクザの集団の活動方式とほとんど変わる処はない。

今世界はグローバリズムという名の合理主義の仮面をかぶった非合理の大きな波のうねりの中に漂っている。知能指数は高いが、知性は低いというこの上なく傲慢な特権的エリートがすべてを握っている。トランプ大統領を憲法破りの不正で葬ったのも彼らである。

今彼らは中国を自分の手でコントロールしようとしているが、習近平打倒後の先の見通しは立っていない。購買力のない貧しい下層民だけが残った中国は、共産党に似た何らかの強制力がなければ統治できないが、習近平は何とか倒せても、その先の運命について彼らにどんな想像力があるであろう。各地に軍閥が群雄割拠した戦前の中国を再び目の前に見ることになり、彼らの手に負えるものでは恐らくあるまい。

これから辛うじて夢を託せるのは、少なくとも日本人にとってという限定付きだが、ナショナリズムか、グローバリズムか。国民の愛国心か、超国家的方向の合理主義か。答えはほぼ決まっているだろう。今われわれは、家族、民族、国民国家、各種のエスニックな地域共同体、そして十九世紀ヨーロッパ（いわゆる大英帝国覇権時代）に一時的にであれ均斉と調和を保った国民国家とヨーロッパという大秩序との間の幸福なバランス、ナショナリズムの美徳の回復を今一度回顧し、これからの文明の理想的方向を模索すべきではないだろうか。否、そんなことは大前提となるヨーロッパ文明という神話的秩序が今すでにして壊滅し、中国の野蛮に席捲されかかっている時代において言うも愚かな夢物語ではないか。そういう反論はまた当然である。

私はトランプ氏が愛読したという『ナショナリズムの美徳』（庭田よう子訳、東洋経済新報社）を読みながら、正直のところ夢見心地で茫然として生きているのが実態である。少くともトランプの言っていたAmerica FirstもMake America Great Againも決して見当外れの時代遅れの世迷い言ではない。正気も正気、これからの世界を救う唯一の方向舵だということだけは間違いないように思える。

令和三年八月二十九日

西尾幹二

はじめに

どういうわけか「昭和史」というのがはやっています。半藤一利氏の同名のベストセラーを筆頭に、秦郁彦氏や保阪正康氏や北岡伸一氏らは早くからこの分野をプロパーな舞台に活躍していましたし、そこに加藤陽子氏が新たに加わって、それぞれの特色を出して、読書界の表面を賑やかにしています。

私たち四人はかねてから彼らの仕事ぶりに何となく腑《ふ》に落ちないものを感じていました。日本は外国と戦争したわけですから、外国の歴史を考えないで自国史を語れません。彼らは、戦争は相手があっての話なんだということが全然わかっていない。

彼らの思考は日本史だけの狭い座標軸で、小さなコップの中で水が波騒ぐように旋回して空回りしているように見えます。

スペインやポルトガルの地球規模の拡大はひとまず措《お》くとしても、オランダ、フランス、イギリスの西力東漸《せいりきとうぜん》、ロシアとイギリスによるユーラシアの南北二分割の勢い、アメリカの太平洋への闇雲の伸長は、「昭和史」叙述のいわば前提条件です。歴史を見るのに空間的視野の広がりを持つ必要がある所以ですが、時間的視野の広がりを持つことも必要です。歴史を短く区切ることはできません。何年から何年までが暗黒時代だったと区切るとすれば、そこには政治的意図があります。昭和三（一九二八）年あたりから歴史が変わったように言うのは東京裁判の要請からくるもので、占領軍がかねて日本史にそれを求めてくるのは、十六世紀からの西欧のアジア侵略を視野に入れさせないためであることをしっかり留意しておくべきです。

私たちがこの本を通じて読者の皆様にぜひとも認識を改めてもらいたいと願っているのは、近代日本の戦争の評価ということです。それは公認の歴史教科書に書かれていることとは逆であります。先の大戦争は日本が主導して起こした戦争ではなく、日本は無理やりとも言っていいような状態で戦争に巻き込まれたということが現実の姿です。

それから中国大陸のことを考えるなら、非常に早い時期から混乱の極みにあった地帯で、そこへ日本が入りこんでいったがゆえの混迷と政策のまずさは区別されねばなりません。内乱は中国史の常態であるのに、今取り上げたかたがたの「昭和史」は中国をまともな国家のように描いています。いくつもの政府があった大陸を、一つの主権国家のように扱っています。たしかにそのような乱れた中国を日本人がバカにしたのは事実ですけれども、だからといって「侵略」ということにはなりません。日本は中国を何とか普通の国にしようと努力して、扱いかねて、手こずって、火傷をしたのです。戦争したがったのは中国人のほうでした。とくに都市部の中国人がそうでした。

われわれは英米とソ連が手を組むという理屈に合わぬ敵を相手にして戦ってしまったわけですが、ナチスドイツの台頭を阻もうとして二つの異質の勢力が手を結んだあの戦争は、キリスト教ヨーロッパ文明の内部の宗教的な動機を宿した「内戦」だったのではないでしょうか。日本は国家以前のような中国に介入するべきではなかったけれども、西洋の宗教戦争とも本来は無関係でした。

しかしあの時代には孤立を守っていることなどできなかった。世界に背中を向けていれば、間違いなく日本民族とその列島は列強の餌食になったことでしょう。われわれの先人たちは必死に生きたのです。近代日本人はまさに大変な危機に遭遇させられて、防御対応に並々ならぬ努力を重ねたのでした。

アメリカ占領軍（GHQ）史観、勝者の裁きの歴史観を我が国の近現代史に当て嵌《は》めて全く恥じることを知らない当代の「昭和史」論者たちは、これら先人の歩みを裁くことに急で、その辛苦に涙することを知りません。私たち四人は彼らの歴史の書き方に疑問と懐疑をずっと抱いていました。平成二十年ごろに「現代史研究会」を起ち上げて、言論誌『Ｗｉ ＬＬ』で討議を重ね、平成二十一（二〇〇九）年9月号から平成二十三（二〇一一）年12月号までに、つごう十一回に及ぶ討議を公開して参りました。

この期間、私たちを支え励ましてくださった『Ｗｉ ＬＬ』の花田紀凱編集長とスタッフの皆様に厚く御礼を申し上げます。

以下ここにその全討議の内容をあらためてまとめて一括し、ご紹介する次第です。

西尾幹二

平成二十四年十二月三日

自ら歴史を貶める日本人——目次

第2章　日米戦争は宗教戦争だった

第3章 加藤陽子『それでも、日本人は「戦争」を選んだ』は青少年有害図書

第4章　半藤一利『昭和史』は紙芝居だ

第5章　北岡伸一『日中歴史共同研究』は国辱ハレンチの報告書

第6章　「日中歴史共同研究」における中国人学者の嘘とデタラメ

装幀——井上新八

第1章

捻じ曲げられた近現代史

日本民族の精神的な死をもくろんだ米占領政策

西尾　まず「現代史研究会」に集まったメンバーをご紹介します。

福地惇さんは、おそらく日本でただ一人、歴史学界に所属していながら全歴史学界を敵に回している勇者です（笑）。私のように歴史学者でない者は、歴史に対する意見を述べやすいのですが、歴史学界に所属している方が「常識」を述べ続けることは、ある意味で大変だろうと思います。それくらい今の歴史学界は桁外れた異常ですからね。

福地さんと言えば、文部省の主任教科書調査官をされていた時、江沢民の来日に際して雑誌での発言を問題にされ、それに慌てた文部省と有馬文部大臣が配置転換、左遷しました。「出版労連」が何カ月も前の彼の雑誌発言を集めて待ちかまえていたのにやられたのです。こういう思想テロもすごいが、乗せられ、踊らされる文部省はじつにお粗末です。

また、福地さんは統合幕僚学校で「歴史観・国家観」の講義をずっとされていて、田母神前空幕長の思想を支えたその人だと理解しています。

柏原竜一さんは京都大学で西洋史、フランス文学を研究され、今は転じてインテリジェンス研究で中西輝政京都大学教授のグループでもご活躍されています。著書に『世紀の大スパイ陰謀好きの男たち』（洋泉社）、『インテリジェンス入門』（PHP研究所）などがあります。

福井雄三さんは、長く会社勤めをされていましたが突如、決意されて世界中を飛び歩き、とりわけ崩壊後の東ヨーロッパ、ロシア、それから中国を何年にもわたって踏破されてきた極めて情熱的な行動家です。

世界の果てまで行ってみたけれど、結局また認識の世界に戻ってきて、著作活動を始められました。すでに、『司馬遼太郎と東京裁判』『「坂の上の雲」に隠された歴史の真実』（共に主婦の友インフォス情報社）と司馬遼太郎徹底批判の著作があり、カール・カワカミ『シナ大陸の真相』を翻訳されています。最近、『板垣征四郎と石原莞爾』『日米開戦の悲劇』（PHP研究所）という力作を発刊されました。

この三名が「現代史研究会」のメンバーで、皆さん私の友人であり、信頼する研究者です。

我々は、日本の歴史と国際社会の動きは切り離せないという認識で一致しています。日本国内の政治家や軍人の動きだけをつついても真実はわからないし、また「昭和史」という額縁に歴史をはめ込んでも何も見えません。空間的にも時間的にも広い視野で、日本の現代史を見直そうというわけです。そこで、まず各メンバーに現代史を見る上でのポイントについて話してもらうことにします。

福地　私は連合国、特に米国の対日占領支配の方針から、「昭和の戦争」の歴史的意義を逆照射することが必要だと思っています。日本の占領支配の米国の目的を確認すれば、明らかになっていく。

昭和二十年九月六日に「降伏後ニ於ケル米国ノ初期ノ対日方針」なるものが、トルーマン政権から連合国軍最高司令官マッカーサーに示されました。第一部に「究極ノ目的」と明記してあり、そのイ項に「日本国ガ再ビ米国ノ脅威トナリ又ハ世界ノ平和及安全ノ脅威トナラザルコトヲ確実ニスルコト」と明瞭に述べています。

日本が勇猛果敢に先の戦争を戦ったからこういうことを目的としているのかと言えば、そうではない。アメリカは、もっと早くから日本を叩く戦術戦略を練っていて、日本はそれに翻弄されたというのが歴史の真実だと考えます。

この「降伏後ニ於ケル米国ノ初期ノ対日方針」だけでなく、神道指令、マッカーサーの検閲三十項目、極めつけは日本国憲法の制定と、アメリカの占領政策は続きますが、これらの資料を見ていくと彼らが何を考えていたのかがよくわかる。ある民族の精神的な命を絶つためには、神道指令に代表されるように民族の魂、あるいは民族文化の柱を抜いてしまえばいいわけです。つまり、再教育。神道指令には今起こっている皇室の諸問題の原因もすべてここにあることがよくわかります。

占領政策の資料には「日本人の戦争は悪かった」と盛んに書いてありますが、これを鵜呑みにしてしまっては何も見えてこない。まずは、相手の意図を知ることが重要です。そうしなければ、半藤一利氏や司馬遼太郎氏のような通俗的な歴史観に陥ってしまう。司馬遼太郎氏は文化勲章をもらっていますが、私は文化勲章をもらった人はみんな反日だと思っているんです（笑）。

この占領政策に見事に骨抜きにされて、忘れてしまっていることが多々あります。ここで挙げておきたいのは、昭和十二年八月十五日に出された「盧溝橋事件に関する政府声明」（一四五頁参照）です。

「自衛行動に出たに過ぎない」という日本の立場を冷静に明確に主張した立派な政府声明です。当時の日本人は、中国がちょっかいを出してきており、日本は受け身であったことをよく認識していた。

通州《つうしゅう》事件についても触れられていますが、岩波書店『近代日本総合年表』には平成に入るまで通州事件は掲載されていませんでした。通州事件という中国のテロを日本人自身が戦後、ずっと隠してきたのです。本当に愚かな民族です。

諸外国政府の研究が重要

柏原　今の日本の昭和史家によって書かれた書籍は、実に論調がはっきりしていて、ひたすら軍部だけが悪かったというものです。よかったのは平和主義だった天皇陛下と、なんとか軍部を押しとどめようとした外務省、それから初期の海軍という構図です。

軍が日本を悪い方向に引きずり込もうとするというベクトルと、天皇、外務省がそれを引き留めようとするベクトル。その二つで描かれることが多い。

しかし、一九三〇年代を振り返ると、果たしてそういう見方が妥当なのかというのが、私の問題意識です。日本の論調には大きな欠点があって、当時の海外の政府はいったい何を考えていたのかという視点が抜け落ちている。

『インテリジェンスの20世紀』（中西輝政他編纂、千倉書房）という本の中で、私は一九三〇年代のフランスの情報評価を扱いました。政治の面ではフランスは当時、政権がころころ変わり、不安定な状態が続いていました。

ただ、当時フランス政府がインテリジェンスを通して、ドイツをどう見ていたかを調べると面白いことがわかります。当時のフランスのインテリジェンスは、陸軍参謀第二部とその下にある情報部が主に担当していましたが、その情報部が作成したレポートによれば、ヒトラーの情報はかなり早い段階から正確に見抜かれていました。また、ナチスドイツにどの程度の軍事能力があるかを、正確に測定しようとしていたのです。

敵国になりそうな国に対しては相当な調査をし、相手国が戦争をやる意思があるのかどうかをきちんと確認している。そしてそれが正確でした。

ひるがえって、日本はどうだったのか。例えば、一九三〇年代の広田弘毅に次のような発言があります。「今は外交といっても陸軍とどう関わるかしかやることがない」（城山三郎著『落日燃ゆ』、新潮文庫）。この後ろ向きな外務省の姿勢は、何か決定的に違うのではないでしょうか（笑）。

日本の敵国が、例えば中国でもアメリカでもイギリスでも、どの程度、日本に敵意を抱いているか、各国の政治家はどのように考えているか、そういったことを外務省は分析していたのか。全くないでしょう。

西尾　今の外務省も同じだけどね。

柏原　ですから、すべて軍部のせいにしてしまって、本当に研究しなければならない重要な部分を見ていないというのが、今の「昭和史」に関する議論なのです。

例えば、イギリスでは一九〇二年に、帝国防衛委員会（ＣＩＤ）が設置されます。大英帝国は広大ですので、どうやって守るかを協議する場が必要だというわけです。陸軍、海軍、外務省、大蔵省、植民地省などが一堂に会して、帝国の防衛方針について語り合っていた。

ＣＩＤには様々な小委員会がいくつもできていて、その中に合同情報委員会（ＪＩＣ）も作られています。戦略は他の省庁と協力して作成されていたというのが、イギリスのやり方です。ひるがえって、日本はどうだったか。日本は英国のように政府が一丸となった対応をとれていたのでしょうか？

あの一九三〇年代の日本に関して、私たちが本当に反省しなければならないのは、軍部が悪かったと悪口を言うことではありません。当時の他国の動きを見たり、制度面がどう違ったかをフラットに比較するなどして、その中で日本に何が欠けていたのかを知るべきでしょう。

西尾　日本の歴史家は国際社会の歴史を広く見て、そこから日本を見るということをしないですからね。

ノモンハン事件をどう見るかで歴史の捉え方が変わる

福井　現代史を見直す時に、絶対に見落としてはいけないと思うのはノモンハン事件に対する評価です。ノモンハン事件をどう解釈するかで、歴史の捉え方がガラッと変わってくるからです。これまでノモンハン事件は、昭和に入ってからの日本の破滅と悲劇の象徴として論じられることが多かった。これは司馬史観の到達点ともいうべき考え方です。

司馬さんが亡くなった後、その系譜を継ぐ作家たちがノモンハンをテーマにした作品をいくつか発表しました。ところがソ連崩壊後の情報公開と最新の研究で、ノモンハン事件は実際には日本の勝利だということが明らかになっています。

例えば、ソ連軍の進んだ機械化部隊などというのは、全く事実に反していて、八百台が日本軍によって破壊されました。それに対して日本軍の戦車の損害は、二十九台です。空中戦でも撃墜されたソ連軍の飛行機が千六百七十三機に対して、日本軍はその十分の一の百七十九機でした。

戦闘に参加した兵力は日本軍二万人に対して、ソ連軍は二十三万人です。しかもソ連軍は日本軍よりも多くの死傷者を出している。十倍近い兵力で戦って、相手よりも多くの損害を出すというのは普通では考えられません。ソ連軍の兵器の質がいかに悪かったか、軍隊の指揮系統がいかに滅茶苦茶だったかの証拠です。

日本は実際は勝利していたにもかかわらず、情報不足と国際情勢認識のなさから日本が負けたと錯覚し、休戦に応じました。何よりも残念なのは、日本はノモンハンに負けたと錯覚して、ソ連に対して弱気になってしまった。その結果、日本陸軍伝統の北進論の矛先が鈍ってしまいました。

陸軍の仮想敵国は一貫してソ連でした。ソ連と戦うことを前提に、陸軍は戦略戦術を練って訓練していたのです。ところが、ノモンハン事件をきっかけとして恐ソ病が生じました。それによって、「ソ連とは戦うべからず」という暗黙の雰囲気が陸軍を支配した。

二年後、独ソ戦が始まった時に、日本は北進してソ連を打倒することを断念しました。そして海軍の南進論にずるずると引っ張られて、最後は日米開戦という最悪のシナリオに突入してしまった。

もしもこの時、日本が南進してアメリカと戦うという選択をせず、北進してドイツとともにソ連を東西から挟み撃ちにしていれば、第二次大戦は全く違う結果になっています。そしてスターリンの大謀略は未然に粉砕されて、第二次大戦後の世界における共産主義の恐るべき悲劇はなかったのではないか。

日本の情報不足と情勢判断の誤りで、ノモンハン事件の真相と戦果を正確に把握せずに、その後の日本の外交政策を誤らせてしまったということが、返す返すも悔やまれます。

西尾　ノモンハンの話が出たので、少し加えますが、今、私は『GHQ焚書《ふんしょ》図書開封』（徳間書店）をシリーズで刊行していますが、その焚書の中に昭和十六年二月発行の『赤軍ノモンハン戦闘記　戦車旅団全滅』という本があります。著者は、ソ連将校のマキシム・ホーソン、手

ノモンハン事件で炎上する敵装甲車と日本軍（毎日新聞）

ノモンハン事件
昭和14（1939）年５月にノモンハン付近でモンゴル騎兵部隊と満州国警備隊との間で小さな衝突が起こった(第１次ノモンハン事件)。６月に入りソ連航空機による爆撃が始まり、日本軍も自動車化部隊の安岡支隊などを動員し、本格的な戦闘が始まった（第２次ノモンハン事件)。航空戦では日本が圧倒したが、地上戦ではソ連の機械化部隊に苦戦する場面も多く、連隊長級の指揮官の多くが戦死するなど多大の損害を出し、９月中旬に停戦した。日本軍の指揮官の多くが敗戦の責任を追及されて自殺に追い込まれるなど、戦後の処理に問題を残した。冷戦の崩壊後、旧ソ連の情報が公開され、日本軍よりもソ連軍の被った損害のほうが大きかったことが判明している。

記の形で、富田邦彦訳、新興亜社刊です。

この中には今、福井さんが言っておられたソ連が壊滅状態になった話が書かれています。GHQによって焚書にされたので戦後には読まれていませんが、昭和十六年にこのような本が出版されていても、その認識が十分に当時の軍・

政府にも活用されていなかったことが今にしてわかります。

ノモンハンで戦っていた日本軍は戦意もあり、士気も上がっていて、あと一歩で勝利だという状況であったにもかかわらず、なんらかの誤情報で日本政府が間違った判断をした。その誤情報の可能性の中には、ゾルゲの名も出てくるわけです。

当時の政府と軍政府に対して、どのような情報伝達があり、どうして大敗北という認識に至ったのかを改めて知る必要がある。非常に謎めいていますが、私は関心がありますね。

さて、皆さんにそれぞれのテーマを語っていただいたので、ここからは自由に論じていただきたいのですが、まずは日英同盟あたりのイギリスの意図から始めましょう。

日露戦争はイギリスの代理戦争だった

福地　イギリスが十九世紀のアヘン戦争以降、東アジアをどうしようと考えていたか。いちばんおいしい市場は中国大陸で、インドもあります。日本はその次くらいでしょうか。イギリスはロシアの南下を怖れていたので、そういう構図の中でどう日本を使うかを考えていました。
日英同盟はまさに、日本を東洋のボーイとして上手に使う戦略です。ロシアと戦わせて、どこまで戦えるか見てやろう、ロシアにダメージを与えようというのが日露戦争でしょう。日露戦争はイギリスの代理戦争ですよ。それを主張する人はあまりいないのですが。

西尾　それは明瞭ですよ。

イギリスはオランダにインドネシアを与え、自分はシンガポールを取りますね。そしてなんだかんだとオランダにちょっかいを出して、アチェ戦争という大戦争で現地人と四十年にわたる密林の戦争をさせます。それでオランダは疲弊した。中国大陸に出て行く余裕がなくなって没落したのです。

それと同じことを今度は日本にやらせようとしたのですよ。イギリスは他国にやらせて、自らは無傷ですり抜けるという巧妙な手口です。オランダを現地人と戦わせたように、日本をロシアと戦わせた。しかし、フランスはその手に乗らないで、インドシナ半島にぱっと入りました。というよりイギリスがそれを許したのです。

福地　イギリスは「夷《い》をもって夷を制す」「遠交近攻」で、これは中国の戦法とそっくりですね。それから「分断して統治」する。そして絶対に見落としてならない歴史の事実は、ソ連（共産ロシア）の東アジア共産化工作、それが英米の動きと隠れた部分で深く関係していたということです。

西尾　それが日中戦争ですよ。中国と日本を戦わせることによって、白人が助かろうとする流れです。

福地　一九一七年以降は共産ロシア（ソ連）が加わって、イギリスは、さらにアメリカに日本を叩かせます。その流れは次のようなものです。

日露戦争に日本が勝った。アメリカのセオドア・ルーズベルトが仲介役に立って日本に恩を売り、満州の権益を日本と折半しようとした。しかし、律儀な外務官僚の小村寿太郎は、満鉄経営にハリマンが入ってくるのが困る。ポーツマス条約では、日本はロシアから満州の権益を譲り受けるが、中国の領土でもあるから日本政府と中国で話し合いをし、満州についての日支条約を作ろうとしていたからです。

桂太郎首相はハリマンに入ってもらってかまわないと言っていましたが、結局、ハリマンを共同経営に入れなかった。ここから急遽、アメリカは対日戦略を練り始めます。オレンジ計画もここから出発している。

日本に脅えたアメリカの突然変異

西尾　イギリスが日本を利用していたのは自明です。そしてその後、アメリカが対日戦略を練った。イギリスがアメリカに日本を叩かせたのか、それともアメリカの意思によるものか。それは今後の大きな研究のテーマになりますね。

イギリスは、日露戦争に勝った後の日本を見ていて「日本もやるではないか」と寛大な気持ちになったのではないか。アメリカのほうが日本に脅威を覚えて、「突然変異」を起こしたと私は考えています。

日本が中国大陸に手を伸ばしているのを見て、一八九九年にアメリカ国務長官ジョン・ヘイが各国共に勝手な動きをしないよう門戸開放、機会均等、領土保全を言い出す。日本の中国権益を制限するために、門戸開放と言い出したのです。

そして、アメリカが排日反日に動き出すのが、アメリカの海軍力を日本に誇示する目的で世界一周させた一九〇七年のホワイト・フリート。時を同じくして、日本人移民排斥で日本世論の不満が高まり、日米が一触即発の空気になるのが一九二〇年代に向かっての動きです。この動きを見ていると、イギリスとは全く異なる変化がアメリカには生じていると考えられます。

それまでのヨーロッパ諸国は、合理的なギブ・アンド・テイクの外交をしたので、イギリスは日本に対しても朝鮮統治と交換に、インドの再承認を求めました。アメリカもその頃は、米西戦争で勝利してスペインからフィリピンを取得しています。

このあたりまではヨーロッパとアメリカの行き方は歩調を合わせていた。ギブ・アンド・テイクの外交は、日本も理解できました。後にリットン調査団が送られたあたりまでは、ヨーロッパの合理主義的な考え方で日本に対する外交は行われていて、そんなに滅茶苦茶なことを要求してこなかったのです。

ところが突然、アメリカは全く日本の言い分に聞く耳を持たなくなります。それはいつからなのか。また、「アメリカの変化」とは何かをよく考えてみる必要があります。


福井　そのことを『板垣征四郎と石原莞爾』（ＰＨＰ研究所）の中で、私はまさに書いています。「アメリカの変化」はなぜ起こったのか。

従来の列強がどんなに狡猾な外交をしようとも、その根底にはリアルポリティクス、利害関係が必ずあります。いかに儲けるか、ということです。それが列強の政策の背景にあるのですが、アメリカだけは途中から変わる。

アメリカはまるで暇をもてあました大金持ちの青年がスポーツに没頭するように、二つの世界大戦をリードしました。このような国家はいざという時に現実的な利害観念に基づいた通常の外交感覚が通用しないので、つまり純粋に独りよがりの善意だけで迫ってくるので、対応はお手上げになってしまう。

ウィルソンの十四カ条から歴史の潮目が変わる

西尾　アメリカはその「変わる」姿の中に、きれいごとを言い出しますね。そのきれいごとのスタートは、門戸開放もそうですが、一九一九年のベルサイユ体制、ウィルソンの十四カ条ですよ。あの十四カ条には、植民地問題の公正解決とか、秘密外交の廃止とかきれいごとが並んでいます。

福井　アメリカの外交政策を見ていると、そこに一種の神権政治、宗教国家の匂いを感じます。

福地　ヨーロッパとアメリカは役割分担をしていると私は思います。アメリカは理想主義、ヨーロッパは現実主義。アメリカは新天地なので理想主義が言いやすいというのはありますが、イギリスはそれを上手に使おうとしているふしが多々見られます。

日本の「対華二十一カ条要求」には、アメリカの理想主義でウッドロー・ウィルソンが過剰に反応しました。「対華二十一カ条」は中国に対するかなり合理的な要求です。辛亥革命で清朝が滅びて新しい体制になったため、もう一度、満州の権益問題を条約化しなければならないというのがありましたからね。

西尾　もし、日本が欧州大戦に現実具体的に出兵していて、実際に連合軍を助け、名実ともに戦勝国であったとしたら、「対華二十一カ条要求」など、全く問題にならなかったと思いますよ。ガラッと日本の運命は変わっていたと私は思います。

逆に言うと、欧州大戦で日本が地上軍を出さなかったために、欧州からは、日本は何か見えないところでコソコソやっていると、火事場泥棒なのではないか、という疑念を持たれた。この時からもう日本の外交は駄目ですね。やる時はやる、引く時は引くというメリハリのきいたことができないからチャンスを逃している。

福井　少なくとも第一次大戦に日本が軍隊も派遣して参戦していれば、その後の権益問題は起こらなかったでしょうし、日英同盟も続いていたのではないでしょうか。

第ゼロ次世界大戦だった日露戦争

柏原　日本の運命を考えた時、何がボタンの掛け違えだったかと言えば、私は日露戦争だと思います。日露戦争の影響について、日本自身が正確に評価できなかったというのが大きな問題だったのではないか。

日露戦争というと、「日本がイギリスの助力を受けてロシアと戦った」というのが一般に教えられている内容です。しかし実際は違います。ロシアは当時、フランスと同盟を結んでいたので、日英同盟と露仏同盟の戦いだったと認識しなければなりません。当時、フランス政府はパリを経由する日本の外交通信等の内容を、日本の暗号を解いた上でロシア政府に提供していました。

ヨーロッパ大陸は当時、フランスが一八九四年に露仏同盟を結び、ドイツはオーストリア、イタリアと三国同盟を結んでいました。ですから、イギリスはヨーロッパで孤立していたのです。名誉ある孤立と言っていますが、単なる孤立。

イギリスはヨーロッパ大陸は手が出せない、ロシアがシベリア鉄道で侵出すれば中国大陸の利権もとられる。このままだとイギリスは中国の利権を確保できないので、日英同盟を結んだのです。ボーア戦争で散々失敗して軍事的に追い詰められていたということもある。日英同盟は、イギリスが追い詰められていたから結ばれたと考えるべきです。

しかし英仏両国は極東の戦争に巻き込まれることを望んでいませんでした。そのために一九〇三年から交渉が進んでいた英仏協商が、日露戦争の開始からわずか二カ月後に結ばれるのです。言い換えれば、英仏協商がなければヨーロッパで英仏間の戦争が起こっていたかもしれない。

振り返ってみれば、英仏協商と露仏協商は、そのまま第一次大戦の三国協商の図式ですよ。日露戦争が第一次大戦の図式を準備していたということです。そのことを日本人は忘れている。

西尾　そのとおりで、それを日本の歴史に反映して書かないのは、おかしい。世界は一つで動いていたのですからね。日露戦争は第ゼロ次世界大戦なのです。

日露戦争は第一次大戦を引き起こしたと同時に、ロシア革命も引き起こしています。二十世紀を動かしたのは日露戦争だと言っても過言ではない。

しかし、その意味は白人に対する初の大勝利というよく言われる反響だけではなく、国際的に国力を打ち出せば、その力の波は必ず自国に戻ってきます。打ち返されたその波を日本はよく見ていなかった。見えなかったのでしょう。そこに最大の問題がある。

福地　自分のことで手一杯で、そこまで気配りできなかったと思いますね。

西尾　いちばんよくないのは歴史の描き方です。当時の政治家や外交官は、自分たちが行った戦争のその後の歴史への意味がよく見えなかった。日本の立場がどのようなものであったか、それによって世界史がどう動いたかはわからなかったでしょう。政治家や外交官は渦中の人だからある程度仕方がない。

しかし、次の世代の歴史家がそれをきちんと書き記せば、次の世代が育ちますから政治史や外交史は変わってくるのです。ところが一切、そういうことを抜きに、日本の内側のことばかりつついている。そんな歴史家も当時の政治家と何も変わらない。当時の政治家や軍人官僚を笑っている歴史家、歴史学界は、彼ら以下の狭い認識しかありませんよ。

ワシントン体制は「日本封じ込め」体制

福地　先ほど西尾先生が言われた日本に戻ってきた波ですが、それはベルサイユ体制、ワシントン体制、コミンテルンの世界革命運動という形にも表れています。ベルサイユ体制はドイツ封じ込め体制、ワシントン体制は東アジアに限って言えば日本封じ込め体制です。コミンテルンの共産革命攻勢は、東アジアの共産化で、その標的は日本と中国大陸でした。それに感応する知識人が日本にも中国にも大勢いましたしね。

西尾　彼らは自分たちがコミンテルンの手先だという認識もなかった。自分たちが近代主義の先端を走っているという意識が、コミンテルンに利用されたのです。彼らが近衛内閣の中になだれこんでいる。

先ほど述べた「アメリカがきれいごとを言い出した」という件に話を少し戻します。ヨーロッパのギブ・アンド・テイクの外交は日本も理解でき、日仏協約や日露協約や日英同盟を結んできた。しかし、そういう文脈とは全く関係のないことをアメリカが言い出しました。それがまさにベルサイユ体制です。国際連盟はウィルソンの提案で一九二〇年に発足しました。ところがそこからわずか二年後に、日本、ドイツ、イギリス、アメリカによる四カ国条約がワシントン会議で発足します。今まで日英同盟という形で二国間で組んでいた協調関係を、四カ国でやろうと日本は誘われた。

この時、それまでは日英同盟で問題なくやってきたのだから、それを四カ国にしようというのは、何か裏があるのではないかと考えるのが普通です。日本を封じ込めるための四カ国条約だと思うべきでしょう。白人国家三国に抑え込まれるということは考えればわかるのに、日本は出世したと考えたのか（笑）、多国間協調体制を手放しに喜んでしまった。

多国間条約というのは、今の六カ国協議も同様ですが、日本封じ込めの意図があるのです。そしてこの四カ国条約こそが、日英同盟廃棄の手段だった。

つまり、ベルサイユ条約でアメリカは突如、きれいごとを言い出し、それと同時に排日運動をしていたのです。アメリカの理想主義の動機というのは誠に怪しい。私はすでに国際連盟の主張、ウィルソンの十四カ条から日英同盟を廃棄させようという目的が明瞭にあったのではないかと思います。

福地　ウィルソンは十四カ条と同時に、日本が国際連盟規約に盛り込むべきとした人種差別条項をはねつけています。多数決を取ったら、日本に賛成する国のほうが多かったため、満場一致でなければ駄目だとして議長のウィルソンが却下したのです。世界に理想主義のラッパを吹いた本人が抑えつけていた。

西尾　アメリカは、国内に黒人を抱えています。これはどんなことがあっても変えることはできない、いわばアメリカの国是にほかならない。その国是を日本が犯した、あるいは反撃したことと、日本人に対する彼らの人種差別とで、アメリカの心の中は大混乱に陥ったのではないでしょうか。

アメリカは世界覇権を考えていた

福井　アメリカという国は、第一次大戦、第二次大戦を通して、いったい何を得たのでしょうね。

柏原　それは大きなメリットがあったと思います。

先ほどからのお話でのアメリカの意思を考えるのであれば、やはり三人の大統領を挙げる必要があると思います。セオドア・ルーズベルト、ウッドロー・ウィルソン、フランクリン・ルーズベルトの三人です。

特にフランクリン・ルーズベルトは、ウィルソンの時代に海軍次官を務めていたので、ウィルソンのやり方をよく見ていました。ですからフランクリン・ルーズベルトはウィルソン主義の延長線上にあります。

一八九八年に米西戦争がありましたが、それ以前の一八八〇年代はアメリカはイギリスにも敵対意識を持っていました。しかし、突然にアメリカはセオドア・ルーズベルトの下で、特殊な状況に入っていきます。アメリカはイギリスとの関係を重視する一方で、海軍力の増強に乗り出した。

西尾　それと同時にイギリスの力が落ちていきますね。

柏原　そうです。この時、アメリカが何を考えていたか。やはり、世界の覇権を真剣に考え始めたのです。

第一次大戦後に出されたウィルソンの十四カ条は、民族自決を唱えていました。ここにはキリスト教的倫理観に基づく反植民地主義があった。そこに商業上の利益が加わります。独立した植民地は自由にアメリカと交易できますからね。

民族自決には、イギリスのような植民地を所有する国家との覇権争いという側面もありました。

西尾　一九二〇年代だったと思いますが、イギリスが西太平洋から撤退する時期があります。この時をもって、アメリカの覇権が決まった。

イギリスが太平洋から撤退するということは、すでに力が及ばなくなったことにほかならず、まず西太平洋をアメリカに譲ったわけです。その後、どんどん後退していく。確かに柏原さんの言われたように、この時期、アメリカはしきりにイギリスと覇権争いをしていましたね。

しかし結局、ウィルソンの十四カ条はハンガリー・オーストリア帝国の解体しか引き起こさず、イギリスが握っていたアジアの植民地はほとんど動かなかった。のみならず、イギリスとフランスは中東を分割統治し始めました。だからアメリカの思惑どおりにはいかなかったのではないですか？

柏原　だから強力な牙が必要だとフランクリン・ルーズベルトは思ったのではないでしょうか。軍事的なパワーを用意した上で、覇権を目指さねばならないと考えた。植民地を独立させ、国際連合という形で集約し、アメリカ中心の国際秩序を築こうとしたのです。

日米戦争は経済的にはアメリカになんのメリットもなかった

福井　それは同感なのですが、しかし少なくとも経済的メリットという点で考えれば、第二次大戦が終わった後、アメリカは東ヨーロッパを全部ソ連にタダでくれてやっています。

それどころか、アメリカは極東における日本との最大の争点だった中国大陸の門戸開放・機会均等を達成できたか。答えは否です。これこそがアメリカにとって、日米戦争の最大目的であったにもかかわらずです。経済的にアメリカは何のメリットもなかった。

アメリカは蔣介石の国民党政権に対して、天真爛漫とも言えるほどの過度の幻想を抱き、莫大な援助を行って抗日戦を煽《あお》りました。しかし、さすがに戦争末期になると、そのデタラメな実態に愛想をつかし、今度は逆に毛沢東を美化し始める。大戦後、四年間に及んだ中国大陸の国共内戦にも介入することなく放置し、中国大陸の共産化を許してしまったのです。無責任と言えば、これほど無責任なことはないでしょう。

そして、その無責任の延長線上には朝鮮戦争の悲劇があります。いったいアメリカは何を得たのかがわからない。

福地　そもそも連合国というのが怪しいですよね。世界の平和と自由と民主主義のための連合国のはずが、そこにソ連が入っている。フランクリン・ルーズベルトは非常に親ソ、親共なのですよね。

福井　ソ連はアメリカの莫大な援助でドイツを倒しました。当時のソ連は吹けば飛ぶように非力だったにもかかわらず、アメリカはまるで腫れ物に触るような態度で、さらにソ連に貢ぎ物を差し出した。ルーズベルトの奇怪な行動は、戦後の東欧とアジアで鉄のカーテンに遮断されてしまった十数億人の人々に、共産主義恐怖政治の塗炭の苦しみを強いることになったのです。

チャーチルはすでに戦後の世界政治を見据えた上で共産主義の脅威を察知し、ソ連を牽制するためにバルカン半島に戦線を築くことを最後まで主張し続けましたが、アメリカはそれもしませんでした。ドイツが降伏した時、アメリカを主力とする連合軍はエルベ川以西の東部ドイツを大部分占領していましたが、それを後から進駐してきたソ連にそっくり譲り渡して、その後の東西ドイツ分断の原因を作ったのです。

いくらそれがヤルタ会談でのスターリンとの密約の結果だったとはいえ、スターリンは密約に反して占領した東欧地域で恐怖政治の殺戮《さつりく》を繰り返していたのですから、それを理由にアメリカは東部ドイツの譲渡を拒むこともできたはずです。だが、アメリカはそれをしなかった。

「世界は一つ」という思想が近衛内閣の中枢にあった

西尾　フランクリン・ルーズベルトはアメリカの覇権を目指したけれども、そこには親ソという矛盾がある。それはアメリカだけでなく、近衛内閣を見ても説明できますね。近衛内閣側近の親ソ派の中には、戦後の共産主義者から皇室に近い人まで入り、それが一つになっていました。ですから、当時の警察が想像もできないくらい、体制の中枢にいた人々の頭の中だけは「世界は一つ」というような思想があった。

同じようにルーズベルト政権の中にも、ロークリン・カリーやデクスター・ホワイトをはじめとして「ソ連とアメリカの未来は一つだ」という考えがあった。自分をスパイとして認識しているというよりも、ソ連に対しても中国に対しても全く無警戒だったのです。

ソ連も中国も共産主義だけれども、アメリカもニューディール政策などを見ても似たようなものです。共産主義を敵だと認識せずに「未来は一つだ」と思っていたので、スパイという認識すらなくなっていたのではないか。

福地　近衛も泳がされていて、気がついた時には日本の大敗北というような状況だったのでしょう。しかも、日本の敗北をよしとする人たちが日本政府の中にいたのですよ。

福井　昭和二十年四月に近衛が日記の中で、「敗戦革命」という言葉を使っています。確信犯かあるいは自分でも気づかなかったのか、日本政府の中にコミンテルンの勢力が浸透していたのは確かでしょう。それが日本を戦争に誘導した。おそらく、同じことがアメリカでも起こっていたのではないか。

ルーズベルト大統領周辺の側近・ブレーンの中には、共産主義者たちが秘かに数多く入り込んでいました。戦後、アメリカで一大センセーションを巻き起こした「ヒス事件」は、アメリカ版ゾルゲ事件とでもいうものです。アルジャー・ヒスはハーバード大学を首席で卒業した弁護士で、ルーズベルトの顧問として数々の国際会議で敏腕を発揮しました。ヤルタ会談にも同行して出席しています。

彼の政策は明らかに左翼的でしたが、当時のホワイトハウスの空気はソ連礼賛論で満ち満ちていたために、特に彼の行動が目立つこともなかったのです。ところが戦後、一九四八年、当時『タイム』誌の幹部だったチェンバースがソ連のスパイだったことを告白し、アメリカ政府上層部にも共産主義者が数多く潜入していることを暴露した。その筆頭としてヒスの名を挙げたのです。

チェンバースはヒスから直接、政府の機密書類を手に入れ、それをソ連の工作員に渡していました。インテリほどマルクス主義に影響されやすいというのは、世界各国共通の傾向のようですね。

ソ連が崩壊しても誰も自己批判しなかった

西尾　コミンテルンが戦前、敵味方を問わず世界全域に勢力を伸ばし侵食していた。それが戦後、溢れるように表に出てきて、私たちの歴史認識をおかしくしてきました。その一つの例が、岸恵子主演の『スパイ・ゾルゲ　真珠湾前夜』（一九六一年公開）という日仏合作映画です。

　岸恵子はフルシチョフに招かれたモスクワのプレミアムの夜に、観客がわれんばかりの拍手で迎えたため、涙を流して大喜びしたらしい。この映画をきっかけにゾルゲはソ連の英雄となり、記念切手が出て銅像も建てられた。ゾルゲの愛人だった石井花子は、ソ連から年金をもらえるようになったといいます。

　つまり戦後、ゾルゲが英雄視された。今でもロシアはもとより日本でもまだ犯罪者ではなく、英雄のような認識です。まるで処刑した日本政府が悪いような（笑）、馬鹿げた認識がある。

福地　昭和三十年代末から四十年代初めの頃、東大の法学部や文学部の著名な教授には、あの

リヒアルト・ゾルゲ

尾崎秀実

ゾルゲ事件
ソ連赤軍参謀四部（軍情報部）所属のリヒアルト・ゾルゲは、ドイツの新聞記者の肩書で来日し、以前上海で接触のあった朝日新聞記者の尾崎秀実と連絡を取り合い、国の内外にわたる重大事件の情報収集活動にあたった。とりわけ日本の南進政策をつかんでソ連に通報。国際スパイの容疑で、昭和16（1941）年10月15日に尾崎秀実、18日にゾルゲ、翌年6月までには関連した39人が逮捕され、尾崎とゾルゲは昭和19年に死刑に処せられた。

時代でもまだ「ソ同盟、我が祖国」と言ったお人好しがいました。私が「共産ロシア」と言うと、「ソ同盟と言いなさい」と怒られた（笑）。

西尾　戦後、他国では共産主義のイデオロギーと自分をきちんと区別する試みが行われました。アメリカではマッカーシズムがありましたし、ドイツは東ドイツが崩壊した時に哲学や歴史の教授は再雇用されないということになった。

しかし、日本のマルクス経済学者やマルクス主義を論じていた哲学者や歴史家は、日本の国立大学から追放されていません。彼らはいつのまにか、女性学だの環境学だの、名前を変えて登場し、政府の審議会にまで入っている。

福地　しかもソ連が崩壊したにもかかわらず、自己批判した学者が一人もいませんね。それで今になって、勲一等とかもらっている（笑）。

西尾　一九八九年のベルリンの壁崩壊の時に、私は大江健三郎批判の論文の中で、誰一人として体制の転換について自己批判をしないということを問題にしました。ただ一人、東独の文学を研究していた女性の教授がオロオロした告白文を書いたのは見ましたけどね。

福地　その後、立ち直っちゃったんじゃないですか（笑）。

西尾　そうそう、見事に立ち直ったよ（笑）。

アメリカ大統領の意思こそが重要

柏原　アメリカの話に戻しますと、あの国を一つのイメージで捉えるのは非常に危険なのではないかと思います。

福井　多民族国家ですからね。意外と知られていないのはアイリッシュが多いということです。

一説には四千万人くらいいるといいます。彼らは、イギリスとは骨肉の争いをしていますからね。

柏原　そうですね。ですから国を一つのイメージとして捉えないためにも、日本が見過ごしてきた点を挙げておきたいと思います。

谷寿夫著『機密日露戦史』（原書房）の中には、金子堅太郎がセオドア・ルーズベルトと非常に仲が良くて、いろいろ話しながら「ドイツのカイザーから電報をもらっただろう」としきりに問いつめる場面があります。セオドア・ルーズベルトは最初は否定していましたが、最後には電報を受け取ったと認める。そして国務長官ジョン・ヘイにすら見せなかった電報を金子に見せるのです。

たまたま金子堅太郎のクラスメートだったセオドア・ルーズベルトが大統領だったおかげで、ツーカーの話ができた。ということは、「裏を返せば」という話にもなります。アメリカでは国家の意思決定において大統領の占める割合が非常に大きいのです。

もし、日本のことが大嫌いで、中国のことが大好きな大統領だったらどうなるか。そんな人が大統領になったら大変なことになりますよね。

西尾　それがフランクリン・ルーズベルトですね。

柏原　そうなのです。まさしくフランクリン・ルーズベルトがそうで、アメリカは大統領で決まってしまう国だということが確実にあった。今でもそうです。だからこそ、大統領がどういう思想の持ち主かということは、平時から逐一、観察しておかなければならないのです。

西尾　それを「ルーズベルトの心情まで考えるのは歴史家の仕事ではない」と言う歴史家がいるから困りますね。

福地　あの国は大統領独裁国ですよ。

柏原　そうです。だから大統領の言動をきちんとチェックしなければならないのに、日本の外務省はしていません。

西尾　先ほど、アメリカは多民族国家だという話がありましたが、結局、ナショナル単位でまとまることのできた国は、日本とドイツとイタリアです。どうしてもそれができなかったのがアングロサクソンで、逆立ちしてもナショナル・エコノミーが成立しない。

このナショナル単位でうまくいく国とうまくいかない国の対立でした。うまくいかない国は連合して、うまくいっている国を潰すしかないのですよ。それが今の時代に、また訪れつつある。今再び、まさに日本はその危機に直面しています。

敵意を善意で解釈する日本

福地　誰が潰そうとしたのですかね。

西尾　それはやはり人種問題ではないですか。日本が真っ先に白人以外の国家として台頭してきたので、底意地の悪い対抗心を持たれてしまった。先ほどの話に戻りますが、日露戦争の勝利が裏目に出てしまった。

アメリカが中世を知らないというのは非常に大きな問題です。中世のヒューマニズムを知らないで、いきなり近代になっています。近代が古代奴隷制と直接に繋がってしまっている。

しかし、なぜ中国大陸で日本だけがいじめられたのでしょうか。ドイツもイタリアも一緒になって日本を締め上げたのですからね。

福地　それはまたソ連とコミンテルンの話に戻ってきます。レーニンの「アジア迂回戦略」というのがありましたね。「弱い資本主義から潰せ」というものです。

福井　最初はヨーロッパをターゲットにしていたものの、あまりに反共でがっちりガードされていたので、ヨーロッパの植民地をまず狙おうとした。それによってヨーロッパに経済的ダメージを与える計画です。

福地　アジアの共産化ですね。日本と中国大陸がターゲットでした。そして両国を戦わせれば「敗戦革命」があるという戦略です。面白いのはこの時期、一九一九年六月にアメリカでは第一回太平洋艦隊創設決議が行われています。

西尾　この時にイギリスが西太平洋から撤退し、英米の立場が変わる。アメリカが覇権を確認した瞬間です。

福地　このあたりから対日攻勢が激しくなってきます。

西尾　「対華二十一カ条要求」は都合のいい口実にされたわけだ。

福地　そう。日本人は好意的に見ているから見抜けないのです。

柏原　日本は結局、相手の敵意が見えないのですよ。徹底的に見えなくて、敵意を善意で解釈しようとするから、どんどんと現実との齟齬《そご》が生まれる。陸軍軍人は雰囲気で敵意を感じ取りますが、その意見は通らないのです。それで日本の持つ世界観は大きくずれてしまった。

福地　日本人は英米が悪いことをするわけがないと思っていますからね。

西尾　島国だから外から宝物を頂くという七福神信仰だよ（笑）。いつでも光は外からやってくると思っている。

福井　欧米信仰があるのでしょうか。

西尾　欧米信仰だけではなく、中国信仰もあったし、唐天竺《からてんじく》信仰もありました。自国から発する原理主義ではなくて、善いものは外から頂いたという認識です。だから、なんでも自国のものがオリジンだと言う韓国人は、日本を見てびっくりする。

本居宣長はこの日本人の心の秘密を考えていました。日本人は他者を崇拝しているのではありませんが、自分を説明するのに外の尺度が必要で、自分のほうから世界像を作らない。逆に言えば、世界像はなんでもいいのですよ。西洋史を中心にした世界像ならそれでいいと言うし、その時々に与えてくれる世界像で自分を説明できれば、それはそれでいい。

しかし実はそれに心を動かされているわけではなく、仮のものであってよく、自分たちは昼寝をしていればいいというのが日本人です。本居宣長はそういう日本人の心の働きをむしろ肯定しています。

このようになぜ外を信じてしまうかは、日本人論としてまた別の大きなテーマになりますが。

日本人の想像を超える欧米のプロパガンダ上手

柏原　一つ言えるのは、欧米はプロパガンダが上手ですよね。先の第一次大戦の話に戻ると、なぜ民族自決などと言い出したかというと、オーストリア対策です。オーストリアは多民族国家ですから、植民地を解放すると言えば、オーストリア軍が自滅するわけですよ。

西尾　目的はそれだけですか。

柏原　そもそも民族自決プロパガンダによるオーストリア解体というプランは英国秘密プロパガンダ機関（クルー・ハウス）によって立案されたものでした。英国外務省はそのプランを採用したのです。

第二次大戦が終わった後ですら、イギリスの外務省の中には、冷戦期のプロパガンダ機関としてインフォメーション・リサーチ・デパートメント（ＩＲＤ）という組織が七〇年頃までありました。これは本局よりも規模が大きかったほどです。ですから、彼らの情報戦略は我々の想像を超えているんです。

福地　近衛に取り憑《つ》いていた尾崎秀実《ほつみ》をはじめとする共産主義勢力、進歩的文化人は、シナ事変は世界史の必然であると盛んにプロパガンダしました。石原莞爾《かんじ》など軍部は、泥沼になるのがわかっていたので止めたかったのですからね。

柏原　アメリカではすでに一九一八年から共産主義者による情報活動が始まっています。二〇年代はもうそのプロパガンダ活動はアメリカ全土に広がっていました。ですから一九二九年の大恐慌時には、ソ連が理想郷に見えたのです。

福井　欧米文化人はスターリンに招待されて行って、完全に幻想を見てましたね。

革命後十数年を経過したソ連に、ヨーロッパ諸国の作家・芸術家たちが団体で招待され、国賓級の扱いで国を挙げての大歓迎を受け、新興ソ連の素晴らしい発展ぶりを披露されました。この時、招かれたシュテファン・ツバイクなどは冷静な批判的な目で見ていますが、彼と同行した世界的に名の知られた作家たちは、ソ連の大歓迎にすっかり魅了されてしまい、スターリンとソ連の信奉者となって帰国しています。

西尾　ロマン・ロランなどは、完璧に騙されてますからね。彼は次のような趣旨のことを言っています。

「ソ連の共産主義が革命の血塗られた歴史によってできたことは知っている。そしてその後も苦悩していることも知っている。しかし、もし産声《うぶごえ》を上げた子供が未来を持っているならば、出産に際してどのような血が流れようともそれは美しいものなのだ」

国際社会と日本の近現代史は切り離せない

福地　アメリカの「突然変異」に戻ると、アメリカはそもそもモンロー主義の国ですが、フランクリン・ルーズベルトだけは全く違います。にもかかわらず、大統領になった。ものすごくいかがわしいですね。

西尾　世界の人種はどんどんと交じり合うようになっていきましたが、主には軍隊と宣教師によって白人と有色人種が交じり合いますね。ただし、軍隊は他国に行くけれども帰国します。宣教師は数が少ない上に上流階級としか付き合いません。

しかし、当時の北米大陸は、初めて白人種と黄色人種が労働者同士で交じり合った。最初は中国人、次が日本人です。大衆労働層がぶつかったのは、地理上の発見以来初めてなんですよ。大量の労働大衆が同じ仕事を奪い合うというのは、考えることもできなかった事態です。

その状況下でホワイト・プアが日本人に敗れるという事態が起こった。このドラマがアメリカの「突然変異」にとって極めて大きかったと私は思います。黄禍ですね。

戦争の遠因になったのは常に居留民問題、または移民問題です。中国大陸でもアメリカでも同じでした。これがトラブルの発端ですから、人種間は交じり合うべきではないと私は思いますね。

福地　アメリカ人は日本人に対する警戒心はあっても、中国人には優しかったりします。これは、今でも同じですね。どうしてかと言えば、アメリカにいる中国人は使いこなせるからでしょう。

西尾　クーリー、奴隷ですよ。

福地　だから中国のほうが与《くみ》しやすしで、日本が恐かったんですよ。

西尾　もう一つ、アメリカは中国大陸に経済的な期待を抱いていましたが、同時に宗教的な期待も持っていた。中国人にはキリスト教を布教する可能性が無限にあるように思えましたからね。ところが、日本はなかなか動かない、うまくいかない。キリスト教布教への期待は経済以上だったかもしれませんよ。

福地　しかも宣教師は、ほとんどスパイですしね。

西尾　そうです。今日はご覧のように、国際社会と日本の近現代史は切り離せない関係にあるのに、日本の歴史学界、歴史家、歴史教科書が描く世界は全く矮小化されたものであることを確認してきました。

福地　歴史学界も優秀な若い人はたくさんいるのですが、みんな重箱の隅をつつくような研究になってしまっている。いわゆる実証主義というものです。国際社会の中で日本はどういう立場だったかという広い視野で見ることができません。

西尾　私たちがこういう会で研究を始めようと考えたのは、今、また世界はかつての状況、一九二〇~三〇年代の状況に戻りつつあるという現実が恐いということがあります。アメリカと中国というかつての連合国が手を結んで、またも日本をいじめようとしている。かつての国際社会の真実を学び、生かせなければ何が歴史か、ということです。

加えて、日本人が臆病になっているという問題があります。先の戦争の頃は、臆病ではなかったのです。日本人は今、世界を見ないとか見えないという問題以前に、縮こまってしまっている。舐《な》められて利用されるだけに終わってしまっている。

しかし、日本人は突然に変わり出します。チャーチルもこういうことを言っています。「日本人は何も言わないでおとなしくしていたと思ったら、いきなりプリンス・オブ・ウェールズを撃沈した。言いたいことがあるなら、なんでもっと早く言ってくれないのか。そうしたら我々も考えたのに」（笑）

日本人はそういうところがあります。我慢していて、怒りがどんどん高まってきて決壊する。先の戦争はそういうものでした。ですから、今の日本人のおとなしさは恐い。よくよく現代史を見直して、未来に生かしていく会にしたいですね。

第2章

日米戦争は宗教戦争だった

アメリカによる日本文明の殲滅思想は宗教だ

福地　平成の皇室問題は、この「現代史研究会」の探究テーマでもありますが、先の戦争がなんであったかが解明できれば自ずとわかってくることです。

皇室を含めて日本文明を殲滅《せんめつ》しようという壮大な戦略戦術の下に、あの戦争はあったと考えるのがいちばん正解だと私は思っています。GHQの占領政策は、歴史、文明、国家主権まで剝奪し、結果として戦後日本は主権国家として中途半端なままでいる。

戦後、昭和の時代はまだ戦前を支えていた人たちが中心にいて日本を高度成長させたため、中途半端な「半国家」だということが表に現れなかっただけです。平成になってあらゆるところの綻《ほころ》びが急速に現れてきたのは、指導層が大きく代わって戦後教育の成果が出てきたからでしょう。

戦後体制の文明論の中にどっぷりはまってしまっているのが今の日本です。こういう国に日本を作り替えたいと考えた人間の思惑が、見事に実を結んだ。

西尾　そういう意味では、日本文明の根幹である皇室問題に関しては、この会としては昭和天皇と戦争の関わりを考えることで、現在日本が抱える諸問題を解決する糸口を見つけたい。

アメリカが日本文明を殲滅しようと考えた背景には、どうも宗教的動機があったのではないかと私は考えています。つまり、日米戦争は宗教戦争だったのではないか、と。

福地　文明の衝突という意味では、私もそう思っています。

西尾　簡単に言えば先の戦争は、アメリカのキリスト教原理主義と我が国における国体論との激突であったのではないか。そうでなければ、「天皇陛下万歳」と叫んで国民が死んでいくようなことも起こらなかったのです。あのことは動かない歴史上の事実です。今の時代からは理解できないからといって目をそむけたり、簡単に否定したりしてはいけないのです。

戦争が終わった時、勝ったほうの宗教が負けたほうの宗教を叩きつぶして、神様を取り替えてしまうというのが古代から宗教戦争の常です。敗北した民族は勝利した民族の神を我が神とし、自分たちの神を蔑《さげす》むという構造になりがちです。この国ではアメリカ民主主義を絶対化し、国体という言葉を死語にしてしまった。それが今の皇室が置かれている苦しい状況の原因かもしれず、そう考えればわかりやすい。

福井　確かに、二十世紀のアメリカの外交政策を見ていると、神権政治、宗教国家の臭いを感じます。そもそも第二次世界大戦そのものが、宗教にも似たイデオロギーのぶつかり合った宗教戦争だったと言えなくもない。

旧ソ連は共産主義という宗教的情熱に突き動かされた暴力革命による、世界共産化を最終目標としていました。旧ソ連は宗教国家だったというのは、今では誰も否定できない事実です。日本の大東亜共栄圏、八紘一宇《はっこういちう》も、日本独自の宗教的イデオロギーだと言えます。

アメリカが宗教国家だったというのは、トクヴィルに詳しい。十九世紀のフランスの貴族で『アメリカの民主政治』（講談社学術文庫）を書いたアレクシス・ド・トクヴィルは一八三一年に渡米し、一年弱アメリカに滞在しました。そのトクヴィルの目に映った十九世紀初期のアメリカ社会は、非常に奇異にして奇怪な社会形態でした。

トクヴィルが『アメリカの民主政治』を書いてから二百年近くも経っていますが、いまだにあの本を凌駕《りょうが》するものは出ていません。アメリカという社会を最も鋭く衝いた書籍として、オックスフォード大学やケンブリッジ大学などヨーロッパでアメリカの社会学を研究する学生には今でも必読とされているのですから、国家の本質はそう簡単に変化しないということかもしれません。

西尾　トクヴィルはなんと言っていますか？

福井　トクヴィルは、ヨーロッパでは精神の自由と宗教的信仰は相矛盾し、逆行し合っているのに、アメリカでは両者が密接に結合していると言います。アメリカでは宗教は表向き政治権力とは区別されて距離をおいているが、国民の生活の隅々まで宗教が入り込んでしまっていて人々は数多くの宗派の中のいずれか一つに所属していることを公言して憚《はばか》らない。

また、アメリカではどんなに偉業を成し遂げていても宗教的信仰を持たない者は、公的にも私的にも世間から相手にされないとトクヴィルは言っています。

現在の世界の中で、アメリカほど隅々までキリスト教が浸透している国はありません。最近の世論調査で「あなたは神の存在を信じますか」という問いに、フランスやドイツでは「信じる」と答えた人が五割にはるか及ばないのに対して、アメリカでは九割近くに達している。この傾向はますます強まるのではないでしょうか。

福地　皆さんがおっしゃるように、確かにあの日米戦争は「宗教戦争」の色彩が濃厚です。しかし、私はそれを「文明の衝突」と呼びたい。ユダヤ・キリスト教の「自然を征服」しようとする一神教を土台にした欧米文明と、八百万の神々と山川草木悉皆仏性《さんせんそうもくしっかいぶっしょう》の「人間と自然とが宥和」する日本文明との衝突です。

そしてその文明の衝突は、「国際主義」対「民族主義」の対立も生んでいます。英米は自分たちが世界を支配したいとの目標を隠し持っている。その目標に向けての戦略が「国際主義」でした。第一次世界大戦後、直ちに設立された「国際連盟」がその証拠です。それは「国際連合」になってますます根を広げている。

善悪二元論に傾きがちな宗教国家アメリカ

西尾　アメリカは移民国家であることが、まず特殊ですね。イギリス聖公会の腐敗した状況から離脱したピューリタンがアメリカに渡ったわけですが、その時の彼らの感情は、虐《しいた》げられ奴隷状態だったエジプトから脱出して、我が地を求めてさすらったユダヤ人と同じようなものだとの認識があります。

腐敗した旧世界を否定して自分たちの美しい天地を求めたというのがアメリカ独立の物語ですから、モーゼに比すべき人物がワシントンということになる。非常に宗教的であり、それが今でもアメリカ人の心にあることが、政治的にもイスラエルから離れることができない動機の一つです。

このアメリカの宗教性は、彼らの政治に悪影響を与えているのではないか。善と悪の二元論に傾きやすく、政治現象も含めてすべてを神と悪魔の戦いの構図で解こうとします。そのよい例が、ブッシュ大統領の「悪の枢軸」発言であり、遡《さかのぼ》ればレーガンもソ連を「悪の帝国」と言いました。

ヨーロッパ人なら、政治において「悪」という言葉を簡単に使いません。それをアメリカ人は単純に言える。ここがヨーロッパとアメリカの大きな違いです。

ヨーロッパもキリスト教が普及していますが、福井さんが言われたように近代化とともに宗教性はだんだん薄くなるというのが趨勢《すうせい》で、十九世紀から二十世紀にかけて脱宗教の動きがありました。

現在のヨーロッパはどうか。ドイツの例をとると、教会に行く人が非常に少なくなってしまっています。

惰性であれ習慣であれ、「毎週教会に行く人」は、ドイツは二〇パーセント、イギリスは一四パーセント。対してアメリカは四五パーセントです。また、「宗教は大切だと思っている人」はヨーロッパでは三割ですが、アメリカでは八割にのぼります。

もちろんここで言うアメリカの宗教は、多宗教です。多宗教であるがゆえに、政教分離が統治の原理として非常に有効になる。キリスト教に統一されているわけではないので、アメリカでは政教分離を非常に重要視しますが、実際には巨大なキリスト教の教会が政治にコミットしているのです。

アメリカでは同性愛や妊娠中絶の問題などが選挙の争点になりますが、その時の教会の一言は政治を決定的に動かします。共和党は教会の大きな力に依存しているところがある。

政治が宗教にコミットしているのが現実であるからこそ、タテマエ上、政教分離を言わざるを得ない。

最近、次のようなことを言う中国人がいました。

「首相の靖国参拝などで日本の国家神道と政治がコミットしている状況は、非常に嘆かわしい。アメリカは政教分離が見事に行われている近代国家だが、日本は遅れていて宗教が政治を覆っている。アメリカの力を借りて、日本の遅れた部分を修正してもらわなければ困る」

中国人は政教分離をこういう文脈で使っていますが、おそらく日本の民主党あたりの知性はこの手の議論に弱い。中国人にしてもアメリカの実態を知らない、その程度の知識だということです。

政教分離を言いながら、アメリカの宗教は政治にコミットしている程度が大きいですが、しかしこの点はヨーロッパも同じ情勢で、政党には「キリスト教」がついています。「キリスト教民主党」などという政党が、ドイツにもイタリアにもスペインにもあります。

ただ唯一、キリスト教と政治がコミットしていないのがフランスです。フランスにおける非宗教性は「ライシテ」と言い、政教分離は厳格ですが、その理由は革命国家であったからです。トクヴィルはフランス革命に懐疑的な人でしたが、それでもライシテをくぐり抜けてきているゆえにアメリカ社会が異様に見えたのでしょう。

翻《ひるがえ》って日本は、江戸時代から脱宗教だったと私は思っています。欧米で魔女裁判が行われていた時、日本は元禄時代ですでに現世肯定の世相でした。

戦争を殲滅戦にしてしまうアメリカの宗教性

福井　魔女裁判は、ヨーロッパでは十六世紀から十七世紀前半にかけてピークに達しました。宗教戦争の最中だったからですが、その後、下火になります。

ところがアメリカでは、ヨーロッパが下火になった頃から燃え盛ります。クライマックスはセーレム事件（一六九二年）で、十九人もの男女が魔女として処刑されています。その後、独立戦争後の十九世紀に入ってからもまだ魔女裁判が行われていた。十九世紀ですよ！

以前、西尾先生と渡部昇一上智大学名誉教授が『ＷｉＬＬ』誌で対談された時に、アメリカは封建制度を経験していないというお話がありました。古代社会の理念が、そのまま新世界に持ち込まれたんですね。これが現在にまで至るヨーロッパとアメリカのギャップを生じさせている原因ではないでしょうか。

西尾　アメリカは古代から、いきなり近代に繋がっているという話ですね。渡部さんは、「アメリカには中世がない」と表現され、アメリカにはゴシック建築がないという例を挙げておられた。

中世を経験しているヨーロッパと日本は騎士道と武士道があるため、共通点が多く、戦争において相手に恥辱を与える習慣などありません。戦争が終われば、勝っても負けても水に流す。しかし、アメリカは殲滅戦争です。リンカーンの行った南北戦争は内戦であるにもかかわらず、敵地を焦土と化して、飛ぶ鳥一羽見逃さずに焼き尽くす殲滅戦争でした。

福井　南北戦争では六十万人も死んでますから滅茶苦茶です。

西尾　北軍総司令官のグラント将軍は南部の大統領デーヴィスを捕らえ、足かせまではめて恥辱を与えていますが、乃木将軍が敵のステッセル将軍に帯剣を許したのとは似ても似つかない対応と言えます。

柏原　ほとんど同時期ですからね。

中世という時代は個人的な契約関係で成り立っています。個人的な契約の網の目があり、それが社会的な存在として数百年単位で存続していました。

西尾　小集団社会ですね。

柏原　アメリカという国家の出発点は、ヨーロッパからの移民にありました。ですから、社会の構成員がすでにバラバラな状態で建国しているのです。この小集団社会がないという点でアメリカと中国は大変似通っている。

中国は、幾たびも繰り返される王朝交代と異民族による支配によって、やはり小集団社会が消滅してしまっているのです。ですから、国の成り立ちという点で考えれば、アメリカが日本よりも中国にシンパシーを抱くのは当然でしょう。

それに加えて、アメリカでのキリスト教熱の高まりが、中国へのシンパシーの強化に繋がったことを指摘しておきたいと思います。ここでは馬暁華「20世紀におけるアメリカの〝中国体験〟」（『現代中国研究』第18号）という論文を基にして紹介することにします。

一八九〇年代の末にアメリカのフロンティアが消滅すると、宣教師たちは海外に目を向けます。その際にアメリカ伝道界では、中国がキリスト教化の最も可能性のある国家と考えられていました。

結果、二十世紀初頭には、中国で伝道していたプロテスタント宣教師の半分以上である二千五百名がアメリカ人でした。アメリカ人による「福音」伝道活動は、アメリカ文化の優越性を前提とするもので、アメリカの優れた文明を中国人に伝え、近代化を促進することを目的にしていた。実際には、それに商業上の利権が付随することは言うまでもありません。

こうした宗教人脈が一九三〇年代の米中関係に大きな影響を与えているのです。注目すべきは蔣介石です。蔣介石は敬虔なクリスチャンの宋美齢と結婚すると自分もクリスチャンとなった。この結婚はアメリカ宣教師の長年の希望を象徴していました。

宋美齢は宣教師の家庭で生まれ、九歳から大学までアメリカで教育を受けていたからです。

あるアメリカ人作家も「(宋美齢)夫人は中国生まれだが、心はアメリカ生まれである」と表現しているほどです。二人の結婚は、中国のキリスト教国化を暗示していました。

そして、この蔣介石を『タイム』や『フォーチュン』、それに写真誌の『ライフ』を発行するタイム社の社主ヘンリー・ルースが大々的に宣伝した。

このルースにしても三十年以上にわたって中国で活動した宣教師を父に持ち、中国という国家にノスタルジックな幻想を抱いていました。ルースは、一九三〇年代に『タイム』誌を使って、一貫して蔣介石を持ち上げ続けます。曰く、「極東で最も偉大な人物」「中国のナポレオン」。ルースは、「アジアの平和、中国の経済的発展および政治的民主化の実現は彼(蔣介石)が握っている」と述べ、アメリカの中国への関与を一貫して主張し続けました。

蔣介石も、西安事件で軟禁されている間に、自分のキリスト教信仰がどれほど自分を支えたかを公に話し、「十字架にかけられたキリストの精神で中国人のために最後の犠牲となる覚悟ができていた」と表明しました。こうした発言は、海外でも強い支持を得て、中国はキリスト教信仰で精神的に生まれ変わるだろうと信じられたのです。

このようにアメリカ人によるキリスト教布教活動という視点から見ると、一九三〇年代の米中の異常な接近もうまく説明できます。

アメリカにとっての正義は神の正義

福地　中世は、歴史と伝統に裏付けられた共同体の時代です。それをぶち壊すのが近代化、現代化ですが、アメリカには共同体がありませんでした。

アメリカ移民もヨーロッパで中世を経験していましたが、共同体がなくなってから大陸に渡ったので、単なる砂のごとき民となった。それを宗教でまとめていったのではないでしょうか。

柏原　アメリカが中国のキリスト教化を期待した裏側には、自由と民主主義を全世界に拡張していく上で、自らが積極的に活動していかねばならないという信念がありました。将来の国際秩序は、キリスト教という宗教的信念に支えられねばならないと考えられていた。

結局、アメリカにとって正義とは、神の正義であって、宗教上の信念なのです。

正義は神という形で人間の外部に存在していて、その神にいちばん近いのがキリスト教を信じるアメリカという国家であり、だからこそアメリカという国家が世界を善導するべきだと考えられていた。

中国のキリスト教化は、アメリカ内部に蓄積されていた宗教的情熱のはけ口だったのです。

中世という時代を経験していないアメリカという国家が、あたかも中世の国家のように振る舞うというのは歴史の皮肉ですね。

西尾　中国は不思議な国で、古来より村という概念がありません。例えば、道路に何らかの被害があった場合、村や地方自治体が補修するという感覚がない。その道路に面した畑の持ち主が勝手に直せばいいという考え方です。

では人間のネットワークがないかと言えば、中国にもネットワークはある。一つは血族、もう一つは新しく作る友人間のコミュニケーションです。彼らが宴会を盛んにやるのは、仮のネットワークを作るためで、そのネットワークで商売をする。

郷土という名の共同体や日本における「座」のようなものも、時代が下って清朝に至るまでありません。小集団がないのです。

柏原　その代わりに、秘密結社や新興宗教が台頭しますよね。それによって中国の王朝は潰《つぶ》れるという歴史があります。代表的な例が、明朝の成立でしょう。

元朝の崩壊は、白蓮教《びゃくれんきょう》という新興宗教の起こした宗教反乱（紅巾の乱）がきっかけでした。明朝を創始する朱元璋《しゅげんしょう》も、この反乱軍隊の指導者の一人だったのです。特に明朝は、皇帝独裁制を採用しており、ある意味で典型的な漢人の国家といえる。

また、清朝の滅亡に際しても、三合会などの秘密結社が孫文を支援していました。中国の王朝の運命を左右した新興宗教や秘密結社が、人間関係の代替物となっていた。

西尾　そう。砂を噛むような個人主義と皇帝の下にという旗印が、中国を形作っています。そして、砂を噛むような個人主義と星条旗の下に、というのがアメリカです。

「棄民」たちが作った国がアメリカ

福井　先ほど西尾先生がヨーロッパからアメリカへの移民をモーゼの出エジプト記になぞらえられましたが、これは極めて象徴的な指摘です。

アメリカの移民の中で、ピルグリム・ファーザーズ（清教徒）のように信仰の自由を求めて渡った知的エリートは一部にすぎません。その他に大量のヨーロッパ難民がいた。

彼らはヨーロッパの底辺で食い詰めて、餓死を逃れるためにアメリカに渡った棄民です。一八四〇年代のアイルランドのジャガイモ飢饉では百五十万人が餓死していますが、この時、大量の難民がアメリカに移民した。ケネディ大統領の先祖もこの時に餓死寸前で命からがらアメリカへ辿り着いたのです。

当時のアイルランドの人口は一千万弱ですから、普通に考えれば現在はその三〜四倍の人口のはずです。しかし、現在のアイルランドの人口は三百五十万人。十九世紀の三分の一に減っている。

理由は、ほとんどがアメリカに流れたからで、アメリカのアイリッシュ系が四千万人近くいるのもそのためです。食い詰めて新天地を求めた「棄民」ですから、個人主義なのも頷《うなず》けます。

西尾　八〇年代にアメリカが日本のものづくりに敗北したことが、アメリカが中国に転じざるを得なくなった理由であることはご承知のとおりです。

西尾　一九七二年に周恩来とキッシンジャーの会談がありましたが、そこでキッシンジャーは日本を経済大国にしたのは大失敗だったという話をしています。さらに、「中国とアメリカには普遍的価値に関する共通の認識があるが、日本人は部族的な感覚しか持っていない」とキッシンジャーは言った。

先ほど例に挙げたように、アメリカの力を借りて日本も政教分離して近代化しろと中国人が言っているのも、彼らにすれば日本の首相の靖国参拝は部族的な行為なんでしょう（笑）。

福地　部族的であることが文明なのです。それを打ち砕いて、砂のごとき民にするのを近代化、民主化と勝手に彼らが言っているだけのことです。

西尾　部族的感覚の上に成り立っている近代化が、日本の近代化ですからね。

福地　その日本的な近代化は非常に強い。しかし、それを自覚できない日本人がどんどん増えていることが、今の日本の危機です。

それは、民族や国家あるいは共同体というものに対する不自然な嫌悪感から発しています。

アメリカの占領政策の大目的は、国際主義と民主主義への洗脳で、戦後歴代政権はこの占領政策を健気《けなげ》にも護持して今日に至っている。

ですから現代日本人の常識が、国際主義の思潮にどっぷりと浸《つ》かりきっているのは当然のことなのです。この情勢がますます深刻化する一方なのは、今の政治を見れば明らかです。

宗教戦争に負けた民族は自らの神を蔑む

西尾　アメリカの根強い宗教的動機に話を戻すと、最近ではアメリカは安全保障上の「世界の警察」を超えて、他国の宗教に関与したり、人権に関与しています。つまり、宗教警察であったり、人権警察であろうとしている。

外交にまでそれを絡《から》めて、反イスラム改革やイスラム国を民主主義国家にするなどとし、まさにアメリカは「神の国」であることを、自ら僭称《せんしょう》しているのです。

第1章でも話題に上りましたが、第二次世界大戦においてヨーロッパとアメリカは日本に対して全く異なる対応をしました。ヨーロッパはギブ・アンド・テイクの合理的な対応であったのに対して、アメリカは一九〇七年くらいを境にして「突然変異」し、自閉した硬い殻に立てこもり、大変強硬な反日になり、いちいち日本に干渉するようになる。なんとしても日本を排除するという何を言ってもどうしようもない段階に、アメリカは入った。

このアメリカの突然変異には宗教的動機があるのではないか、ということを話してきたわけですが、一方で日本にも彼らを断固として許し難いという思いがあった。つまり、日本も宗教的動機で動いた。これを再認識すべきです。

国体という言葉が、戦争に向かう時期に特に集中的に、熱狂的な感情もこめて論じられていきます。国体とは、簡単に言えば国柄《くにがら》であり、特別な概念ではなかったはずですが、終戦の時には国体の護持を巡ってあれほどこだわりました。それほど日本人にとって重い概念だったのです。

それが戦後はまるで霧が晴れたように、国体という言葉自体が死語になってしまった。不思議な話です。このことは日本が宗教的動機で戦争をしたことを明かす、重要な印だと思います。

福地　冒頭に先生が言われた宗教戦争で負けたほうの民族は自らの神を蔑《さげす》むという話ですね。

西尾　そうです。

「肇国《ちょうこく》」や「惟神の道《かんながら》」など、万世一系の天皇を戴《いただ》くことを表す言葉が、戦争に向かう時には盛んに使われました。

中国は易姓《えきせい》革命を繰り返していてなんら尊ぶべき国ではないし、ヨーロッパもせいぜい十二、三世紀来の王権で大したことはない。それに比べて我が国は、有史以来、万世一系の天皇を戴く尊い国柄であり、神話と天皇の系譜は直結するということが強く打ち出された。

このことは今ではピンと来ないかもしれません。あるいは、こういう言葉だけで、すでに拒絶反応を起こす人がいるかもしれない。しかし昭和十年代には、非常に過激に、誇張して叫ばれたことでした。事実、国民の生活はそれに集中し、だからこそ戦争が可能になったのです。ただし、先の大戦における国体への意識の集中と歴史への遡及《そきゅう》それ自体は、冷静に見ると、少しもおかしなことではありません。

最近、私は山田孝雄《よしお》の『国体の本義』（日本国体宣揚普及会・昭和十一年）を読んでいて面白いと思ったのですが、国産みの神話をしきりに分析していることです。国産みとはご存知のように、イザナギとイザナミの二柱の神が矛で海水をかき混ぜると、したたり落ちたものからおのごろ島が生まれ、そこに天の御柱を立て、それをめぐってまぐわって八つの島を産むという『古事記』の話です。

山田孝雄は、著書の中で神々は国を産むのであって、作るのではないということをしきりに説明している。産むと作るは意味が違うというのです。世界の国々はみんな作った国だけれども、我が国は産まれたのだと言う。

私は『国体の本義』なんか何にも知らずに若い頃、処女作『ヨーロッパの個人主義』（講談社現代新書）の中で、日本は自然発生国家で、ヨーロッパの契約国家が生まれるよりも千年早く、それも自然な形で国家的自覚が生まれたと書きました。日本は作られた国ではなく生まれた国で、それは弱点であるとともに特長でもあります。そういうことがきちんと神話の中に記されているというのは、非常に面白い。

九世紀半ばに律令体制が成立するまで、東アジアにおける中国を中心とした律令国家に張り合って、日本の朝廷は一所懸命に国家体制を作り上げようとします。遣唐使が行き来している間に、朝廷の儀式を唐に見に行ったり、日本も見せたりして、日本でも相当に立派な儀式を行うようになっていました。

元会《げんかい》儀礼という儀式で元旦に行うものですが、現在の古代史研究では儀礼の比較が盛んに行われていて、平安宮での日本の素晴らしい儀式の様子も明らかになっています。

この儀式は東アジアにおける国威発揚でしたが、日本は十世紀半ばからやめてしまう。九〇七年、唐が崩壊したので、必要がなくなったわけです。この頃から、日本は次第に内向きになっていきます。

東アジアの中での国威発揚の必要性を感じなくなっただけでなく、日本の王権自体が消極化して、ご承知のように院政になったり、武家の台頭が始まったりした。日本は国際社会で張り合うということをしなくなり、歴史自体が内向きになる。

つまり、十世紀以降は事実上、日本文明は鎖国だったと言ってもいい。通常、鎖国で内向きならば退嬰《たいえい》した文明になってしまいそうですが、日本はそうはならず、動乱と激しい文化の活力を千年以上にわたって展開しました。

日米戦争はアメリカの宗教的動機と日本の天皇信仰とのぶつかり合いだった

これが日本文明の不思議な点で、外から来たものをみんな学んで、国内だけでヨーロッパに匹敵するような大ドラマを展開したのが日本史です。一種の劇場国家と言えますが、この間、様々な形を取りつつも日本史は常に天皇と共にありました。

国体という言葉は、初めは中国の『春秋』に見られますが、日本の出典では本居宣長が「国の体《さま》」と言ったのが最初でしょう。では、日本において何が国体という概念を作ったか。

儒教には孔子と孟子の違い、「臣を以て君を弑《しい》す」を許さない正統主義と、これを許す革命主義という概念の違いがありましたが、日本は孔子の正統主義を取ります。これは朱子の「力の金《きん》を排して宋を正統として大事にする」という思想にも繫がる。この思想が、日本の南朝擁護、南北朝時代の北畠親房《きたばたけちかふさ》の『神皇正統記』の思想にも繫がる。そこから水戸光圀《みつくに》の『大日本史』へと流れています。

『大日本史』は完成に二百五十年も要します。気になるのは前期水戸学が神代史に立ち入らず、神武天皇から記述を始めるという儒教の合理主義によって貫かれていた点です。

それに対して、国学は全く異なる主張をします。正統主義なら中国の考え方を取り入れるまでもなく、我が国こそ万世一系の神国だとしたのです。儒教が入ったことによって、むしろ国が乱れたという考え方です。

この国学の考え方が真っ直ぐに、会沢正志斎《せいしさい》に代表される後期水戸学に流れていきます。『大日本史』を完成させた後期水戸学は、儒教の朱子学と国学の思想、特に平田篤胤《あつたね》の国学とを折衷するような思想でした。これが国体論になっていきます。

よく江戸時代の天皇は片隅の存在であられたのに、明治になったら武装する天皇になったので、それはフィクションだと言いますが、国体の概念はもっともっと前からあったのです。国学が生まれる前の前期儒学は合理主義に傾いたと言いましたが、それでも例えば、山崎闇斎《あんさい》の弟子である浅見絅斎《けいさい》は、非常に強い天皇中心主義者でした。江戸時代には天皇中心主義を唱えて幕府から死刑にされた山県大弐《だいに》などという者もいます。

江戸時代は初期から天皇中心主義はずっとあり、幕府は天皇から借りているものだという思想があった。それが幕末になるに従って、どんどんと強くなっていったまでです。

天皇も光格天皇、孝明天皇と次第に幕府に対して強い姿勢になっていっており、明治天皇になって突然に強くなったというわけではありません。ですから皇室が江戸時代に抑えられていたというわけでは決してなく、精神的にはずっと天皇中心の思想が我が国にはあった。

これが我が国の信仰です。現実の政治の世界に君臨していなくても、天皇中心の思想は政治とは別の力として強かったのですから、これは信仰というほかない。この天皇信仰でいくのか、それとも文明開化でいくのか、という岐路に立たされ、何とか両立させたのが明治維新でした。

ですから国難がくれば、国体論を前面に出してくるというのが日本史の自然な流れです。声が大きくなったことは確かですが、大東亜戦争になって特別に国体論が作り上げられたのではない。どこの国でも戦争となれば宗教が力になります。英米でも教会は徹底的に戦争協力でした。日本でも戦争という国難に遭ったために、自然と国体論が前面に出てきたのです。

そうでなければ、「天皇陛下万歳」と言って死んでいったり、宮城の前で割腹したりするわけがない。大東亜戦争は、天皇を中心とした信仰の下に戦った宗教戦争だったのです。

このことをアメリカは知っていた。日米戦争は、アメリカの強い宗教的動機と日本の天皇信仰とのぶつかり合いでした。

宗教戦争の時代を予見していた水戸学の会沢正志斎

福地　日本が帝国主義の緊張した時代に遭遇した時、当然、自分たちは何であろう、どういう民族なのだろうという問いが生まれてきます。その時、穏やかに流れてきたものが活性化した。

今、話に出てきた水戸学、つまり後期水戸学は、藤田幽谷《ゆうこく》・東湖《とうこ》の父子、会沢正志斎や水戸藩主徳川斉昭《なりあき》らが代表的ですね。その思想の真髄を知ろうとするなら、会沢の『新論』は恰好なものです。

『新論』は一八二五（文政八）年、異国船打ち払い令が発令された直後に書き上げられました。吉田松陰や平野国臣や真木和泉らが『新論』から多くを学んで幕末尊攘運動の思想の原点にし、西郷隆盛の語録にも『新論』から多大の教訓を得ていることが読み取れます。

明治憲法や教育勅語の精神に『新論』の発想が様々に具体化されていることもよく知られるとおりです。

『新論』を読むと、会沢が当時の国際情勢をかなり正確に詳しく認識していたことがわかります。「耶蘇《やそ》の法」、つまり異質な宗教であるキリスト教をもって、西洋強国は諸国を侵略し、併《へい》呑《どん》した国々の宗教と文化を壊滅すると言っている。

会沢は、日本民族の伝統的な世界観・人間観と欧米キリスト教文明におけるそれとの大きな異質性を認識していた。そこから祖国の歴史と伝統への強烈な自覚の必要性が主張されたのです。それが「国体」論になった。

会沢は、記紀の神話の昔に成立したと伝えられる建国の原理を原点にして、時代の進展とともにその原理を守りながら、連綿と続く万世一系の皇室の存在を中心とした今に変わらない日本民族の精神文化を「国体」と言いました。時代とともに外形は変わるが、皇室を中心としたことにおいて一貫する国家や社会の基本的な在り方を、つまりは歴史的に形成・蓄積されてきた我が国固有の国柄を会沢は「国体」という言葉で表現したのです。

異質な文明との衝突を契機に提起された会沢の『新論』は、日本民族の伝統的な精神を新たに認識して、そして日本民族の国家と社会を守るにはどうすべきかを提言した警告の書だと言えます。

つまり会沢は、これからは厳しい「宗教戦争」の時代だと警鐘を鳴らしたのです。

ところで、話は一九四〇年代に移りますが、大東亜戦争は英米、あるいはソ連等の敵対勢力からの締め付けにあって、それに対して行われたものです。つまり、外圧があったために、国体の押し出しが昭和十四、五年あたりから強くなった。山田孝雄の『国体の本義』は盧溝橋事件よりも一年ほど早く出ていますが、その頃にはすでに日本は欧米の締め付けと中国の排日侮日にストレスを感じていました。

そして満州建国以降、まさに国体を固めなくてはならないということになった。外圧による危機が迫った時、国体論が噴き出すという構図なのです。

日本では古来より、明治憲法でいう国権の総攬《そうらん》者という位置にあったのは、一貫して天皇でした。状況によってその現れ方は違いますが、日本が天皇を中心とする国柄（国体）であることに変わりありません。

天皇の現れ方の違いは、外圧によって変わる。例えば、孝明天皇の時、一八六三（文久三）年に過激尊皇攘夷派が仕組んだ計画がありました。幕府が頼りないから攘夷祈願に孝明天皇を連れ出して、天皇親政で指揮をとってもらおうとした。これは外圧の高まりによって、天皇が最終軍事指揮権を持っているとした動きであって、明治憲法はそれを引き継いでいると言えます。

天下太平なら日本は、天皇を神棚に祀《まつ》っておいてもいいわけです。しかし、神棚がなくなったら日本ではなくなりますので、一貫して日本には神棚があります。

今、本当の危機が外からやってきているならば、戦後忘れ去っていた観念が甦《よみがえ》る可能性はある。靖国参拝問題というのは、その一つの流れでしょう。

西尾　そうですね。かつてと同じ形の国体論にはならず、別の形かもしれない。しかし、基本的には変わらないものになる。

福地　しっかりとした思想家がその時代にいるかいないか、ということもまた分かれ目になります。そうでなければ、疑似国体論が出てきかねない。古い戦前そのものの国体論では、世界の現実に対応する柔軟性がありません。

西尾　ロシアでも戦争になればギリシャ正教と妥協して宗教を利用していますし、ヨーロッパでも教会の力を借りています。何も日本だけが、信仰の下に戦ったのではありません。しかも、日本は底流にあった天皇信仰が爆発しただけです。

その戦争に負けて、日本は正しくなかったと言われれば、我々は存在を否定されたことになってしまいます。「昭和天皇は平和主義者だった」と半藤一利氏や保阪正康氏などはしきりに言いますが、そうではなく、昭和天皇は武装する天皇となられて、正しく責任を全うされたのです。

では、現在の国体論は、どうあるべきか。天皇陛下は神棚、つまり京都にお住まいいただいて政治的なことから距離を置いていただくべきなのか、逆に国権の総攬者として最終的に軍事指揮権を持っていただくのか。

福地　今現在、日本が強い外圧の中にいるとすれば、天皇は本来のお姿、日本を守る姿になって頂くということになるでしょうね。

アメリカの宗教的動機を理解していなかった日本人

西尾　さて、日本とアメリカの戦争は、宗教戦争ではないかということを考えてきましたが、日本側にアメリカの宗教的動機を理解していた識者はいたのでしょうか。
柏原　戦前の日本で、アメリカ研究を行っていた人は少なかったですね。アメリカ史の学者も数名くらいしかいません。
福井　日本の目は明治以降、ほとんどがヨーロッパに向いていたのではないでしょうか。旧制高校自体の視点が、西洋に向いていましたからね。
西尾　それは大きな問題ですね。ヨーロッパとアメリカとをさして区別せず、どちらも合理の光と仰ぎ見ていて、宗教の暗い衝動を予感していなかったのではないでしょうか。
柏原　ルース・ベネディクトの『菊と刀』（社会思想社）に代表されるように、アメリカ側は日本を積極的に調査していました。また、第二次大戦中も象徴天皇を戦後統治でどう生かすかということを積極的に研究していました。
　宗教戦争ということでは、アメリカが原子爆弾を落とした時にトルーマン大統領がどういう反応をしたかが象徴的です。トルーマンは飛び上がって大喜びをしたのですよ。
　これはアメリカの持っている宗教的な攻撃性が如実に表れている瞬間です。アメリカが存在する限り背負わなければならない原罪ですよ。大量殺戮《さつりく》をして大喜びする政治指導者、ここにアメリカの宗教的攻撃性の特徴がいちばんよく表れていると思います。アメリカにとって、日本は悪魔だったのではないでしょうか。

西尾　それはわかりやすい。

もう一つ、東京裁判でアメリカは天皇を訴追しませんでした。一般的に戦後統治をしやすくするためだと言われていますが、果たしてそれだけでしょうか。訴追できなかったのではないでしょうか。

今でもアメリカやヨーロッパで、天皇は神秘的な存在として非常に尊敬されています。このことを我々は忘れてはなりません。単なる統治のために訴追をしなかったのだとしたら、ここまで神秘的な存在として敬うでしょうか。そこには畏《おそ》れがあったのではないか。

もう一つ、アメリカは皇室を廃止せず、代わりに「民主化」と称してゆっくり形骸化する政策をとりました。無理矢理に廃止したら反動が恐い。宗教であるがゆえに恐怖心があった。扱いに慎重を極め、外堀を埋め、時間をかけて無力化しようとした。そしてそのとおりになった。ここにも、日米戦争は宗教戦争だったのではないか、という疑問の答えがあるような気がします。信仰心は、いつまた再び激しく甦るかわかりません。

第3章

加藤陽子『それでも、日本人は「戦争」を選んだ』は青少年有害図書

歴史事実に関する無知無理解

西尾　本章では、東京大学大学院教授の加藤陽子さんがお書きになった『それでも、日本人は「戦争」を選んだ』（朝日出版社）を取り上げたいと思います。

この本は、栄光学園高等学校の一年生、二年生、栄光学園中学校の一年生、二年生、三年生を対象とする講義が基本となっており、読書界で売れ行きも良いと聞いております。

満州事変に対する当時の東京帝国大学の学生たちに実施した意識調査の結果、今の言葉でいえば日本の「侵略」に八八％の学生が「はい」と肯定的な答を出していたとか、中国の心臓部分を走る最もいい鉄道はイギリスが持っていたとか、新しい発見が随所に見られ、加藤さんが非常に勉強家であることがうかがえます。しかし全体的に見て、歴史を見る眼に複眼があるか否かには疑問を感じます。

加藤さんは現在のアカデミズムにおける日本近現代史のリーダーともいうべき立場にいらっしゃる方で、今後、この本が文部科学省や教育界に与える影響も小さくないと思われます。歴史家はその時代へ正確に戻ろうと試みることが仕事なのですが、果たしてこの本でそれができているのか、はなはだ疑問です。

柏原　第一に基本的な歴史的事実に関する無知無理解が問題です。

西尾　いきなりきましたね（笑）。

柏原　目もあてられないのが、外交上の知識の欠落です。

加藤さんは一八九五（明治二十八）年の三国干渉になぜロシアだけでなくフランスとドイツが加わったのか、詳しくは第４章であらためて詳しく説明しますのでここでは省略しますが、一八九四（明治二十七）年に締結された露仏同盟もご存知ありません。日露戦争に際しては、ヨーロッパが三つのブロック、すなわち三国同盟加盟国（ドイツ、イタリア、オーストリア）と、露仏同盟、イギリスから構成されていたことをご存知ない。

イギリスと日本を一九〇〇（明治三十三）年の揚子江協定によって結びつけ、背後からロシアをたきつけて日本と戦わせたのもドイツです。ドイツは漁夫の利をねらっていた。このような生き馬の目を抜く外交という鉄火場《てっかば》をご存知ない。明治維新以降の日本の国際的地位が、ダイレクトにヨーロッパ諸国と繋がっていた状況も理解できていません。

西尾　それは困りましたね（笑）。

児玉源太郎に言及がない

柏原　軍事史に関しても疑問を呈しておきましょう。

加藤さんは〈陸海軍が見事な共同作戦（旅順《りょじゅん》攻略作戦）を行なった点にこそ新しい戦争のかたちとしての意義があったとロシア側が認めた日露戦争像〉と述べます。

日露戦争において日本陸海軍の関係が円滑なものであったことはほぼ常識ですが、その関係の代表例として旅順攻略作戦を挙げるのは疑問です。旅順は当初の計画では海軍が担当すると主張していました。

これに対して陸軍側には反発もあったのですが、戦争遂行の実質的な取りまとめ役の児玉源太郎は、陸海軍の協調を重視し、海軍の意見を尊重させ陸軍側を牽制しています。そのために、陸軍による旅順攻略計画立案が疎《おろそ》かになってしまったのです。

海軍による旅順湾封鎖が失敗して、初めて海軍も陸軍に頼らざるを得なくなったのが真相です。陸軍が当初から旅順攻略の計画を立案していれば、被害は少なくなっていたかもしれません。

福井　近現代史を論ずるに当たって、軍事史の基本的な知識がないのはまずいですね。

柏原　さらに日露戦争を語るに当たって、非常に大きな役割を果たした児玉源太郎に言及がないのは致命的な欠点ですし、日露戦争が与えた国際的影響に関してもほとんど言及されていません。

カナダ王立国防大学のキース・ニールソン教授が二〇〇四年に防衛研究所で、日露戦争が第一次大戦の三国協商（イギリス、フランス、ロシア）の枠組形成に直接影響を与えたという趣旨の論文、「日露戦争と国際関係」を発表しています。

結局、日露戦争とは、地域大国としての日本の出現という東アジアに限定した次元からではなく、むしろ、第一次大戦へと至る過程で起きた最も意義深い出来事として見なされるべきなのです。

西尾　ニールソン論文は私も読みましたが、世界史の流れを洞察しているいい論文ですね。

柏原　この視点が抜けてしまうと、第一次大戦から戦間期（大戦終結から第二次大戦勃発までの時代）にかけての日本外交の苦境が、日露戦争の反動だということがわからなくなります。

日露戦争の起こした大波が世界中で反響し、その波が日本に押し寄せたのが戦間期でした。日英同盟の解消も、ワシントン条約、ロンドン条約による海軍力の削減も、大波の反射だった。加藤さんにはこのような欧米諸国の敵意が見えていません。

また当時の日本人の東アジア諸国に対する感情も取り上げられていません。福沢諭吉の脱亜論にしても、彼が熱心に支援していた韓国の金玉均《きんぎょくきん》が清朝側におびき出されて暗殺される苦々しい経験が背景にあります。

私が最近上梓した『インテリジェンス入門』（PHP研究所）にも、日本人の中国大陸の人々への愛情と行動が記されています。この愛情が辛亥《しんがい》革命以降、徐々に絶望に変質するのです。大陸への愛情と絶望の相克《そうこく》を見失うと、全く別の歴史になってしまいます。

失礼ながら、当時の日本語の文献もあまりお読みになっていないのではないでしょうか。

日露戦争は中国大陸を守る戦いだった

西尾　日本は韓国の独立をひたすら願いましたね。福沢諭吉をはじめ多くの日本人が韓国を独立させ、共に立ち上がって西洋諸国に対抗しようと考えていた。ところが、清国と韓国が頼りにならない老廃国で全く聞く耳を持たない。さらに厄介なことに、清国と韓国は日本に対していわれのない優越感、侮日《ぶにち》感情も持っていた。日清戦争は日本の近代的努力と台頭を文明のいち早い立ち上がりだと見ようとしない清国が、自分たちの中華秩序を乱すものだと一方的に捉え、尊大に構え挑発した結果の戦争です。

柏原　さらに、日清戦争から日露戦争に至るまでの因果関係を加藤さんは全く理解していません。

日清戦争の結果、弱体ぶりがあきらかになった清国では、一八九八（明治三十一）年にはドイツが膠州湾《こうしゅうわん》を租借、一八九九（明治三十二）年には遼東半島租借条約が清国との間で締結され、ロシアは不凍港を手に入れます。これに対抗して、イギリスは威海衛《いかいえい》を租借、フランスは海南島や雲南、広西などで勢力を拡大します。

するとこのフランスに対抗し、イギリスは香港防衛を口実に九龍半島と周辺諸島を租借します。

こうした列強の露骨な領土獲得と経済侵略が清国内で大きな反発を呼び、キリスト教宣教師が殺害される事件が多数起こり、遂には義和団事件が発生します。ロシアは満州に出兵し、日露戦争へと繋がるのですが、こうした繋がりは全く記述されていません。

日露戦争が日本を守る戦いであっただけでなく、ヨーロッパ列強から中国大陸を守る戦いであったという点を見過ごしているのです。

西尾　もし日露戦争で日本が敗けていたら、今の中国領土の北半分はロシア領になっていたでしょう。

ところで、三国干渉から日露戦争までに起こった世界情勢の変化はヨーロッパの政局にも影響を与えます。

ロシアとイギリスが衝突して露仏同盟が締結され、イギリスとフランスが接近する。一九〇四（明治三十七）年に英仏協商が結ばれますが、これは非常に決定的な出来事ですね。

福井　第一次モロッコ事件で繫がっていました。

西尾　そうです。第一次モロッコ事件が起きたため、初めはロシアと手を結んでいたフランスが態度を変え、ロシア皇帝とドイツ皇帝が接近します。さらに、日露戦争の直前にはバルチック艦隊がイギリスの漁船を破壊する事件が起こります。

柏原　ドッガーバンク事件ですね。

西尾　事件後に和解はするのですが、英露関係に不協和音が生じます。

当時、ドイツは鉄鋼生産量の追い上げが激しく、イギリスを追い抜き、艦隊の建設も始めていたため、たとえ日英同盟があってもイギリスは不安と孤立感を覚えていました。

日露戦争はイギリスにとっても大変な出来事でしたが、前述の三国同盟、露仏同盟、イギリスの三つのブロックの均衡が、日露戦争の開戦が近づくと瓦解します。

柏原　日本とロシアが戦争をすることになると、日英同盟対露仏同盟というかたちでヨーロッパに飛び火していたかもしれません。

西尾　英露戦争になった可能性がありますね。

柏原　イギリスとフランスが接近してから、瞬く間に英仏協商が締結されたのは日露戦争の開戦が大きかった。

福井　英仏協商は一九〇四（明治三十七）年で、日露戦争の開戦からわずか数カ月後の締結でしたね。

西尾　日露戦争で、欧米側はすべて日本の敗北を予想していました。

イギリスもドイツもフランスも、ロシアが勝つことで自国の利権がどのように変わるのかばかりを問題視していた。

福井　予想に反して日本が勝利したことにより、イギリスとロシアが接近し、一九〇七（明治四十）年に英露協商が結ばれます。これにより露仏同盟、英露協商つまり、イギリス、フランス、ロシアのドイツ包囲網が出来上がるんです。これが第一次大戦に繋がる流れとなります。

西尾　日露戦争を、第１章では第ゼロ次世界大戦と申し上げましたね。

福井　二十世紀を爆発させる起爆力を持った全世界的な出来事です。そのあたりの視点が加藤さんには全くありません。日本史という、小さな座標軸の中だけで論じています。

国際社会からの視点がなく自閉的な日本の歴史学界

西尾　とかく自閉的であるのは加藤さんに限らず、日本の歴史学界をはじめ、「昭和史研究」

のほとんどがそうですよ。

福地　国際社会のうねりの中で生じた大きな現象と国際社会からの視点が弱すぎますね。

柏原　日露戦争において、なぜドイツとフランスがロシアを支援したのかということに対して、〈一八九〇年代以降投資した東洋への鉄道公債が回収できなくなる〉や〈ドイツはフランスよりも多くのお金をロシアに貸します〉など、投資額が多かったからだという経済面からの説明しかなされていないことは問題ですね。

投資額が多かったことは事実ですが、それ以前に外交関係の網の目があって投資がなされているわけです。これではまるでレーニンの『帝国主義論』のようです。

西尾　日清、日露戦争の全体を見る際のポイントとして、まずイギリスとロシアの対立が地球の北半球を南北に分割するような構造を引き起こします。南北分割の世界史のドラマの結果は日本列島と北米大陸、つまり日本列島とアラスカでぶつかる。

その前にイギリスとフランスは、ロシアの地中海進出を阻止するため、クリミア戦争で防衛し、敗れたロシアは太平洋に出口を求めざるを得なくなったのです。アメリカは南北戦争（一八六一～六五）で足踏みをしており、イギリスとフランスは日本列島に迫り、イギリスは薩摩（鹿児島）に、フランスは幕府に取りつく。

世界史の大きなうねりが日本列島を揺さぶり出したのが、日本近現代史の前提でなくてはなりません。

福地　南北戦争は凄惨な内戦で、犠牲者が第二次大戦のおよそ二倍の六十万人にものぼり、アメリカはしばらく立ち直れなかったですね。

西尾　その若き大国であるアメリカが後から迫ってくるのですが、アメリカも日本も英露の対立を利用するしか生きる道がなかった。

アメリカは北米大陸と南米大陸で争いを起こし、イギリスがまだ若いアメリカを支援し、南アメリカ諸国の独立を阻止します。このときアメリカは北から南下してくるロシアと接点を持ちます。英露の対立をアメリカは利用して自己を守るわけですが、日本は利用すると同時に朝鮮半島と中国大陸で英露両国に振り回されてしまう。

日本の歴史を考える際には、明治の日本人の心細さというものが前提でなければなりません。

福地　一八八〇（明治十三）年ぐらいに建艦競争があり、清国の北洋艦隊は相当強力な編成をし、日本もそれに拮抗《きっこう》したというくだりがありますね。

福井　日露戦争時には日英同盟があり、世界の世論も多くは日本の味方でした。ところが、日清戦争は列強各国が日本に反対した。日本が清国に最後通牒を通告した時、仮に欧米列強が介入していたら日本はその時点で危なかった。陸奥宗光《むつむねみつ》が『蹇蹇録《けんけんろく》』の中で、日清戦争前夜のことを思い出すだけで「肌に粟《あわ》を生ずるほどの恐怖」と言っているんです。

日本にとって、日清戦争はそれほど心細い戦争だった。日露戦争より日清戦争のほうが、日本にとっては、はるかに危険な戦争だった。

西尾　そこを加藤さんは、明治の日本人の心細さという視点ではなく、日本は悪い強国だという視点で書いている。

今まで皆さんが述べてきた世界史の知識が、加藤さんにはありません。栄光学園の生徒さんは、本書をここまで読んで、いかに加藤先生が視野の狭い人であるかにびっくりされたでしょう。歴史を白か黒か、善か悪かの二元論で捉えるのは歴史を知らない証拠で、いくら中・高生が対象だからといって、やってはならないことです。

日本の第一次大戦への参戦の裏にあった日英の駆け引き

福地　次に第一次大戦に関してですが、加藤さんはアメリカ人研究者マーク・ピーティー氏の主張を援用して、日本の大陸進出が〈第一には安全保障上の考慮というものが大きく働いていた〉と叙述しており、これは正しい理解です。

一方で、第一次大戦における対独宣戦布告が、加藤高明外相の「強引」な参戦工作で決定されたと言います。日本が参戦意欲旺盛で、イギリスは〈まだ日本の協力はいらないかも〉と消極的だったと述べますが、事実は違います。実は日英外交の裏で駆け引きがあったのです。イギリスは日本の対独参戦を誘うに際し、ドイツ権益地域の山東半島を戦後、日本に与えると甘言を使ったため、日本政府は勇んで参戦した。

アメリカのウッドロー・ウィルソン大統領は、世界を「自由を求める道徳の国」と、ドイツのような「抑圧を好む卑しい国」に二分類し、「二十一カ条の要求を出した日本も中国人を抑圧した国として独逸と同じ組にいれられた」のです（ラルフ・タウンゼント『暗黒大陸中国の真実』原著一九三三年。芙蓉書房出版、二〇〇四年）。タウンゼント氏は日本と中国大陸を行き来し、自分の目で当時の出来事を確認した国務省の領事館員です。

ウィルソンの理想主義は、参戦した日本を激しく非難し、中国に同情的でした。中国大陸に関わるその後の諸問題の混乱は、このあたりから漸次増進しますが、加藤さんは大事なこの間の事情には触れていません。

西尾　加藤高明はイギリスが勝つと確信していたようですが、当時の日本の政界ではドイツの勝利を意識する人もいましたね。

柏原　日本陸軍は参戦に関して、もう少し様子見をしたほうが良いのではと考えていました。

西尾　慎重な意見もあって国内の政治家たちの意識は割れていた。

福井　アメリカの不参戦を前提条件として、少なくとも第一次大戦が始まってから二年間は、ドイツが勝つと思われていました。

西尾　第一次大戦の頃からアメリカの対日意識が変化し、アメリカとイギリスの間に日本に対する考え方の離反が生じます。

福地　アメリカは南北戦争から四十年ほど経った、一九〇七（明治四十）年頃から、新しい世界戦略をもって世界に出て行こうとする。この流れのなかで第一次大戦が起こり、ウィルソンが理想主義を掲げてアジア進出を目指すのですが、このような国際社会の動きと日本の関係の叙述が希薄すぎます。

イギリスの利権は中国ではなく、インドにあった

柏原　日本の参戦については、イギリス政府の内部で意見が割れていました。外務省や植民地省は反対し、陸軍省や海軍省は賛成した。チャーチルは参戦派だったが、イギリスの外務省はなぜか日本の参戦を拒む。

西尾　〈とにかく日本に早く全面的に参戦してもらいましょう〉とチャーチルが賛成したことは加藤さんも叙述していますね。

柏原　叙述はしているのですが、問題はなぜ外務省が反対したかということです。イギリスの

エドワード・グレイ外相が英連邦諸国、オーストラリア、ニュージーランドといった諸国に配慮を示したからというのが定説ですが、その後で加藤さんは〈イギリスにとって最も嫌なのは、対中貿易の利益が減ることです〉と中国の利権が問題だったと書かれているのですが、これは疑問です。

当時のイギリスにとっての最大の利権は何か――。

西尾　ロシアとイギリスの間でインドをめぐる争いが始まる。

柏原　そう、最大の利権はインドです。インドをいかに防衛するかが最大の問題で、結節点になるのはインド北西部です。

なぜイギリスが日本に対して警戒心を持つようになったのか。

一九〇五（明治三十八）年のベンガル分割令以降、インドの独立運動が急速に盛り上がりを見せ、インド総督暗殺未遂事件に関与したビハリ・ボースが日本に逃げてくるんです。

福井　有名な中村屋のボースですね。相馬黒光《そうまこっこう》がボースを助けた。

柏原　日本政府は日英同盟があるにもかかわらず、有力者や政治家がボースをかくまった。その行動にイギリスは、インドを独立させる運動に日本が加担しているのではないかと過剰な反応を示しました。

この疑心暗鬼が生まれている時と、第一次大戦の参戦時が重なるのです。とにかくインドを独立させないために、イギリスは最大の努力をはらっていました。

西尾 インド防衛のためイギリスは日露戦争を利用し、ロシアが足踏みをしている間にチベットを押さえた。現在の中国によるチベット支配のひな形は、この時のイギリス支配をマネしているといわれるぐらい残虐なことをしています。さらにイギリスはネパールなど周辺一帯を押さえ、ロシアの南下を防ぐ。

ロシアは一九一七（大正六）年のロシア革命でソ連となり、今度はソ連とイギリスの対立へと変わっていきますね。

マルクス主義の亜流にすぎない歴史記述

柏原 加藤さんの歴史記述は、一言で言えばマルクス主義の亜流ですよ。つまり経済的な視点からしか、外交が説明できない。自分の述べていることが支離滅裂になっていることに気がつかないのです。

第一次大戦の開戦時に、英国が日本に対して、日本の軍事行動の範囲を〈「シナ海の西及び南、ドイツの租借地である膠州湾《こうしゅう》以外には広げない。太平洋には及ぼさない」と声明することを日本側に要求した〉とあります。

これは普通に読めば、オーストラリアなどの英自治領諸国への配慮です。イギリスは、第一次大戦から自治領政府の戦争協力を躍起になって求めていました。ですから、戦域から太平洋を外すというのはイギリスから見れば当然の要求です。加藤さんも、〈太平洋のずっと南には、オーストラリアやニュージーランドがあるわけですが、これらの国々は、日本の南下を怖れていた〉と英連邦諸国の恐怖をその理由として挙げています。

しかし、イギリスのグレイ外相が日本の参戦に前向きではなかったもう一つの理由として、〈中国自体の権益の一部を、ドイツに関係するからという理由で日本の陸海軍が接収したりすれば、中国内部からは強い反発が起こる〉と中国の権益を付け加える。

確かに、中長期的な問題として、日本の中国における経済的プレゼンスが拡大することは大きな問題だった。しかし、イギリスは日本の不参戦を求める一方で、英駐日大使は香港と威海衛の防衛支援を要請し（八月四日）、グレイも中国近海におけるドイツ仮装巡洋艦の捜査撃滅を依頼している（八月七日）のです。中国近辺で日本が軍事活動を行うことに関して、イギリスは何のためらいも見せていません。

福地　鋭い指摘ですね。

柏原　このプロセスを見る限り、日本に参戦の一時延長を求めたのは、中国の利権よりもむしろ、自治領諸国の支援を取り付けることが優先されていたことは明白です。

日本の膠州湾の領有を英国が認めたのは、日本が海軍を欧州に派遣した後の一九一七（大正六）年になってからです。ですから、中国の利権が念頭になかったとまでするといいすぎでしょう。しかし、開戦直後のプロセスを、中国の利権から解説するのは勇み足ですね。ドーバー海峡の向こう側にはドイツ軍が迫っているのです。そんな時に、イギリスのグレイ外相が中国の利権の先行きを心配できたでしょうか？

恩知らずなオーストラリアの反日行動

西尾　私は『ＧＨＱ焚書図書開封』（徳間書店）の中で論じたのですが、オーストラリアが第一次大戦から戦間期にかけて、対日敵対国の中でかなり重大な役割を果たします。

第一次大戦にオーストラリアはただちに参戦を決意し、ニュージーランドとともに、アンザックという部隊を派遣します。アンザック部隊をドイツ潜水艦から守って、ヨーロッパまで運ぶ護衛をしたのは日本海軍でした。オーストラリアは、このまま日本軍が南下して攻めてくるのではないかと恐怖します。恩知らずなオーストラリアに日本政府は腹を立てます。

第一次大戦が終わった直後に、通例アメリカはハワイからシンガポールに抜けるにはハワイ、グアム、マニラ、シンガポールという路線をとるのがいちばん近い航路ですが、その時南方航路を開発し、ハワイからサモア諸島を抜けてニュージーランドのオークランド、それからオーストラリアのダーウィンを抜けて南回りでシンガポールへ行く航路を開発します。

これが事実上のもう一つのＡＢＣＤ包囲網の準備だった。北の通路を日本軍に攻められたらどうなるかを、第一次大戦の直後に米豪はすでに計算していたんです。

このような忘恩の国オーストラリアの歴史と反日行動、南洋諸島の状況を彼女は全く書いていない。

福地　ＡＢＣＤ包囲網の原点がここにあったんですね。

柏原　英連邦諸国の軍事力に依存しなければ、イギリスは第一次大戦を遂行できなかった。インドの軍隊もしかり、各植民地や自治領諸国の力を総結集することによって初めて第一次大戦が戦えた。そのために、統合する仕組みを第一次大戦の前から少しずつ作っていた。

その結節点である帝国防衛委員会（ＣＩＤ）で、自治領政府もすべて参加させ、対ドイツの戦争ができる体制を作っていた過程があるんです。

西尾　加藤さんは〈ドイツに対して一緒に戦うべき同じ連合国であるイギリス、そして、のちに連合国に加わって参戦するアメリカへの敵意が、日本のなかに芽生えているというのは不思議なことですね。協力しあうべき連合国同士なのに〉と書かれているんです。不思議でもなんでもありません（笑）。アメリカが日本を仮想敵国とする意識は、日露戦争後に始まっているんです。こんなこともわからないのかと笑ってしまいます。

福井　日本とアメリカの間にはある種の確執が始まっているんです。

世界の悪意を見なければ歴史は理解できない

西尾　第一次大戦が日本に与えた影響について、〈とにかく日本は変わらなければ国が亡《ほろ》びる、とまでの危機感を社会に訴える人々や集団がたくさん生まれました〉と加藤さんは叙述しています。第一次大戦の世界の惨状を見て戦後の日本の不安が強調され、パリ講和会議に出かけていった言論人や外交官の口から、日本は変わらなければ国が滅びるという国家改造論がしきりに登場した、と。

その後、帝国国防方針が生まれ、一九〇七（明治四十）年はロシアが敵国だったが、一九一八（大正七）年にはロシア、アメリカ、中国が仮想敵国となり、一九二三（大正十二）年にはアメリカが仮想敵国になると、帝国国防方針の改定過程が述べられています。

ここは大切な記述ですが、問題は日本が大変だという自覚が高まったことを指摘するのであれば、その根源を国際問題と関連付けて論じなければならないことです。何が日本を襲っていたのか。何が日本に起きていたのか。どのような不安が外から感じられていたのか。

加藤さんは、対日敵意の包囲網の出現もイギリスの変貌も全く認識していない。当時の政治家は半ばしか認識していなかったかもしれません。しかし、現在の歴史家である加藤さんがそのことに全く触れないのはおかしいですよ。

さらに、なぜ第一次大戦を見て大変だと思った日本は大きく変わってゆくのか。その理由として、日本が第一次大戦に参戦する際イギリスとアメリカの軋轢《あつれき》が原因だったと述べ、韓国が三・一独立運動を起こし、中国とアメリカからの批判に衝撃を受けたとなっている。

福地　加藤さんの考えは、水野廣徳《みずのひろのり》（一八七五〜一九四五。海軍軍人・ジャーナリスト。欧州視察の際、第一次大戦の惨状を目の当たりにして以降、軍備撤廃論を展開）が一九二〇年代に、「日本は戦争をする資格のない国だ」と言ったことに繋がっていくんです。

水野廣徳が『無産階級と国防問題』を書いたのが一九二九（昭和四）年ですから、すでに日本は戦争ができない国になっているのに愚かな戦争をしたと強調しています。

西尾　歴史を見ていると、不可抗力的なものに苦しめられて日本が巻き込まれていくことが見えてきます。

当然のことながら、現代の歴史家は当時の日本の認識不足だけでなく、同時に世界の悪意と敵意も正確に見ておかなければならない。

福地　ロンドン海軍軍縮会議に素直に日本は応じてしまい、国論が分裂する。当時の政治家にはよく状況が見えていなかったというのは確かにあると思います。

西尾　ロンドン海軍軍縮会議が分かれ目だった、日本は油断していたと大川周明もしきりに言っていますし、日本人の認識不足はそのとおりですが、諸外国の構造の変化と大きな世界の移り変わりを書かなければ歴史になりません。

福地　単に概説書を読んで生徒に説いているわけではなく、近現代史の専門家であるならば当時の世界情勢を認識していて当然なんですが……全くできていませんね。

盧溝橋事件の背後にコミンテルンの指示

西尾　次に満州事変と日中戦争についてです。

福地　加藤さんは満州事変のほうは、〈関東軍参謀の謀略によって起こされた〉もので、日中戦争を〈偶発的な事件、盧溝橋《ろこうきょう》事件をきっかけにしていました〉とし、さらに盧溝橋で〈日本軍、当時は支那駐屯軍《しなちゅうとんぐん》と呼ばれていたのですが、この軍隊と、中国側の第二九軍との間で、小さな衝突が起こってしまいます〉と書いています。

満州事変の発端となった柳条湖《りゅうじょうこ》事件は、関東軍の「計画」「謀略」で引き起こされたのはそのとおりです。

しかし、盧溝橋事件は単なる「偶発的な事件」「小さな衝突」と捉えて済むものではありません。様々な状況証拠から推測するに、劉少奇《りゅうしょうき》配下の中国共産党工作隊が日本軍を挑発した謀略事件が発端です。軍事挑発の背後に、コミンテルンの指示が潜んでいたと見るのが正しいでしょう。

ところで、満州事変勃発発端の「謀略」の動機は何か。

当時の東京帝国大学の学生の八八％が軍事行動支持との意識調査を示し、〈満蒙問題というのは、日本人が自らの主権を脅かされた、あるいは自らの社会を成り立たせてきた基本原理に対する挑戦だ、と考える雰囲気が広がっていたことを意味していた〉と説明します。

日本の国際法的に認められた満蒙権益に対して、中国側が行った無数の条約違反や約束不履行、コミンテルンの東アジア謀略には全く触れず、一九三一（昭和六）年十二月に関東庁が編纂《へんさん》した『満蒙権益要録』を〈なんだかすごい本です〉と評価しながら、満蒙地方における中国側からの対日挑発、治安攪乱《かくらん》のテロ行為の激しさにはさらりと触れるだけです。

西尾　『満蒙権益要録』について叙述した箇所に、国際法学者の信夫淳平《しのぶじゅんぺい》の名前が出てきます。信夫淳平の著書に『不戦条約論』があるのですが、彼女は書いていない。おそらく読んでいないですね。『不戦条約論』を読んでいなかったら信夫淳平の名前を出すなと言いたいです。

福地　加藤さんは満州、蒙古は漢民族固有の領土だと認識していますが、ここは満州族、蒙古族の領域です。第一次大戦とパリ講和会議の頃から、中国政府は漢民族の固有の領土との主張を強め、日本がポーツマス講和条約で獲得した諸権益を中国に返還せよとアメリカ政府の後援を得て、声高く主張し始める。

先の東京帝国大学学生への意識調査の結果は、満蒙権益への厚かましい侵害への強い反発と怒りが反映したものではないでしょうか。

感傷的な人生観で戦争の歴史を語るな

福井　加藤さんは、満州事変を十五年戦争の始まりと捉えていますが大きな間違いです。満州事変は、一九二〇年代の混乱に終止符を打つ終着点だった。孫文が中国革命同盟会の時、革命資金を得るために満州を日本に買ってくれと打診していることからも、満州が中国ではないという認識だったことがわかります。
さらに、満州の人口が増えたのは辛亥革命以降なんです。それまではほとんど無人の地でした。辛亥革命以降は、本土の内乱を逃れた漢族の流民が毎年百万人もやってきた満州族固有の土地です。
西尾　盧溝橋事件については、弾が日本軍に撃ち込まれたと同時に国民党軍にも撃ち込まれている。共産軍が両軍に撃ったわけですが、加藤さんには一切叙述がない。こんなことも知らなかったら笑われますよ。

福地　近現代史の専門家であれば当然知っているはずですが、意図的に書かないんでしょうか。

柏原　満州事変は日本の謀略で悪だと決めつける。日本がやったことは悪で、中国がやったことは善だという一方的な評価を下す。

福地　国家を、ウィルソンやルーズベルトの言う平和を愛する正義の国と戦争を好む悪逆の国に分けて考え、日本は後者という捉え方です。

日本のように戦争を愛する侵略主義者は謀略をするが、中国のように平和を愛好するものはそんなことはやらないということで、まるでお笑い種《ぐさ》です。

柏原　歴史を謙虚に見ると、アメリカは第二次世界大戦以降に多くの謀略を行っています。例えば、イランにおけるモサデク政権へのクーデターや、インドネシアのスハルト・クーデター、南米諸国に対する内政干渉など、数え上げたらきりがありません。

そもそも謀略とは国家の生態の一部で、安易に否定することはできないはずです。日本の満州事変が、謀略だったから悪だとは原理的に言えないのではないでしょうか。

福地　謀略をして良い国と駄目な国とがあるという考えは非常に問題ですよ。要するに、善悪二元論で複雑な戦争を単純化して理解しようとする。真相がまるで見えてこない。

西尾　戦争を語る資格がないんです。戦争を語る資格というのは、全国民が勇気と自己犠牲、無私と情熱、そして塗炭《とたん》の苦しみと哀切の想い、悔恨と涙なしでは語ることができない数多くのドラマを抱え、多くを語りつくせない、いわく言い難いものを背負っているのです。
したがって、歴史家が戦争の歴史を語る際にはそれなりの慎重さと、それなりの度胸と、それなりの哲学と、そしてそれなりの深い人生経験が必要なんです。こんな安っぽい女学生のような感傷、薄ら寒い人生観で戦争の歴史を語っては駄目だとはっきり言いたい。

GHQ史観そのものの歴史認識

福地　次に一九三二（昭和七）年三月の満州国建国から、翌年の二月二十三日の熱河《ねっか》作戦についてです。

熱河作戦が国際連盟やアメリカの心証を害し、三月二十四日に国際連盟総会はリットン報告書を採択し、満州国は不承認となります。決議に抗議した松岡洋右《まつおかようすけ》全権代表は議場を退去し、国際連盟から脱退します。

この熱河作戦は微妙な問題を多々含んでいた。熱河省は、新生国家・満州国の領域内ですが、中国もアメリカも満州国領土とは認めない。加藤さんは、満州国は傀儡《かいらい》国家だから中国、アメリカの言い分が正しいとの認識ですが、これは中国、アメリカの言い分で日本の主張ではない。国際連盟はリットン報告書に基づいて、満州国をどう扱えば良いかの協議に入る直前でした。現地の状況を重視すると、奉天を追われた張学良《ちょうがくりょう》は義勇軍四万を編成して、熱河地方を反満抗日の拠点地としていた。それを排撃しようとしたのが関東軍の作戦です。参謀本部は、万里の長城以南への侵攻を禁止していました。

しかし、蔣介石軍は約二十個師団を華北に結集させ、うち七千が熱河地方に侵入した。それを迎撃、追撃したのが、関内への戦局の拡大となったのです。四月十九日に、軍中央はただちに進撃軍の長城線への帰還を命令しました。

日支交渉の結果、五月三十一日に塘沽《タンクー》停戦協定が成立しました。長城以南に非武装地帯を設定、中国軍の撤退確認後、日本軍も撤兵すること、治安維持は中国警察が当たることなどが約束され、兵火は収まったのです。

この協定の重要な点は、蔣介石政府が満州国政府側と郵便・電信・陸上交通・関税業務に関する協定も結んで、事実上、満州国を承認したことです。加藤さんは、塘沽停戦協定を無視します。国連や中国は正しく、日本はいつも中国の権限を無視して横暴だったと思っている証拠です。歴史認識の構図はＧＨＱ史観そのものです。

軍閥が群雄割拠する中国に言及していない

西尾　塘沽停戦協定で事実上、満州国を承認した蔣介石ですが、重慶に逃れると、今度は否定し続けますね。もし蔣介石政府を英米が支援せず、ソ連も毛沢東政府を支援しなかったら、満州国は二十三カ国から承認を受けているわけですから、安定した独立国家として誕生し、成長していたでしょう。

福地　一九二七（昭和二）年、田中義一内閣の時に、蔣介石は北伐に取り組んでいます。わざわざ東京に来て、田中義一と膝詰談判までしているんです。蔣介石政府を支持すれば、満州のことは問題にしないと約束をしている。その後、蔣介石はどんどん態度を変えますが、ポイントとなる一九三六（昭和十一）年に起きた西安事件について、ほとんど叙述されていません。

西尾　西安事件を抜きにして昭和史は語れませんよ。

福井　西安事件が起こる前までに延安の毛沢東政権は、蔣介石の相次ぐ猛攻にさらされて陥落寸前だったんです。まさに最後の五分間といわれる状態でした。

西尾　背後にはコミンテルン（ソ連）とアメリカ、イギリスの悪意がありました。西安事件の張学良《ちょうがくりょう》と楊虎城《ようこじょう》が西安事件を起こし、世界の歴史の流れを変える分岐点となりました。

1936年12月26日解放された蔣介石夫妻の搭乗機が南京に到着（毎日新聞）

西安事件
昭和11（1936）年、北伐を進めていた国民政府の蔣介石は、東北軍の張学良と西北軍の楊虎城を督戦するために西安に飛来したが、延安を中心とする中国共産党軍との内戦を停止して一致抗日を志向していた張学良は12月12日、蔣介石を拘束。張の要請で延安から周恩来が来て調停に加わり、蔣介石は内戦停止と抗日統一戦線の結成などを認めたことにより、第2次国共合作の成立に繫がった。

ことも書かず、満州のことも正しく伝えない。わざとポイントを外したデタラメな歴史です。加藤さんに「生徒諸君に嘘を教えてはいけませんよ」と申し上げます。

福井　ちなみに、満州の人口は一九三二（昭和七）年に建国されてから十年間で、三千万人から五千万人に増えています。治安は良く工業生産力も倍増です。

西尾　加藤さんは、一九一四（大正三）年あたりの中国の状況を、〈内戦というよりは、国家統一への過程上の争いといったほうが適切かな〉と述べているんですが、中国に対してのみ好意的な発言で、非常に違和感があります。

福井　中国を一つの国としてみなすこと自体が間違っているんです。清朝が倒れた辛亥革命以降は、中国には三つの政権が同時に成立していたんです。北京政権は名ばかりの単なる地方の分派政権にすぎなかった。

いったいどこの世界に、三つの政権が同時に成立する国がありますか。世界各国は中国と交渉する際、どの政権と交渉すれば良いのか判断に苦しむことになったんです。特に日本の場合は地政学的に中国の隣国ですから、その混乱の波を最も被《かぶ》るのは日本です。中国に対して、日本は独自の対応をする必要があるんです。アメリカも南米に近接しており、ラテンアメリカに対しては独自の対応をする必要がある。ヨーロッパも中近東とアフリカに対して、独自の対応をする必要がある。

これが、現実を見据えた合理主義的な外交感覚です。戦後、ピューリッツァー賞を受賞した歴史家のジョージ・ケナンも同様のことを述べています。

西尾　中国は内乱果てしないところで、戦いで負けると匪賊《ひぞく》になる。勝てば匪賊が集まって軍閥になる。軍閥のいちばん強い者が皇帝になる。これが古代からの中国の姿なんです。

満州から北京にかけては張作霖《ちょうさくりん》、揚子江上流が呉佩孚《ごはいふ》、揚子江下流が孫伝芳《そんでんほう》、西安の奥が馮玉祥《ふうぎょくしょう》、山西省に閻錫山《えんしゃくざん》、毛沢東ら共産軍、蔣介石の国民党軍、これらが群雄割拠していて麻のごとくもつれあい、支離滅裂の状態だった。加藤さんは、これら軍閥の名を一つも挙げていません。中国に関する彼女の無知はまたひときわ目立ちます。

少なくとも清朝の時代から内乱を繰り返してきた国で、水害や旱魃《かんばつ》、イナゴの害などで大勢の餓死者や疫病が蔓延し、森は消滅して自然が破壊される。匪賊が跋扈《ばっこ》し、法の支配などないようなものだったんです。

現代史を書くためには一九三〇年代の日本のことだけを詳しく調べたり、中国の歴史を好意的に少し研究するだけでは駄目なんです。

英米から督戦されていた蔣介石

福井　十九世紀中葉に起こった太平天国の乱は、人類史上最大の内乱といわれていますね。

西尾　当時、清国の人口は四億人ですが、約八千万人の死者が出ている。その後、回教徒の殺害事件で約五千万人の死者が出た。もうめちゃくちゃです。日本軍の介入は二百年余のこの混乱の歴史とそのまま繋がっています。

加藤さんに端的に申し上げたいのは、日中戦争とは日本が中国の内戦に巻き込まれたということです。中国のブラックホールに己の人道的、道義的な介入意志のために、愚かにもうかうかと吸い込まれていった。鳩山首相がCO_2二五％削減と言って喜んでいましたが、環境戦争の内乱に巻き込まれるでしょう。

北村稔さんと林思雲さんの書かれた『日中戦争』（ＰＨＰ研究所）に、中国の軍隊の酷さが書いてあります。兵隊たちはほとんどが訓練されず、鉄砲の撃ち方も戦場に行って初めて習う。日本の飛行機が来てもよくわからず、突っ立って指さして「あっあっ」と叫んで撃たれてしまう有様です。まさに中国の軍隊は烏合《うごう》の衆。十万人の中国兵に対して、日本兵は五千人で戦うことが可能だった。

さらに逃亡した味方を撃つ督戦《とくせん》隊があり、中国軍は敵味方双方から撃たれ、真ん中に死体の山ができる。南京事件の時、南京の城門の内側に死体の山ができたのは中国軍が味方を撃って逃げたという話です。

このような中国軍隊の実情を、昔の中国学者である内藤湖南や吉川幸次郎、宮崎市定などがきちんと日本国民に教えなかったのも問題ですね。中国の現実を知らないのが日本の中国学でした。

福地　戦闘での督戦隊があったのと同様に大きな視点で見ると、蔣介石は米英やソ連、コミンテルン、中国共産党に巧みに促されて、日本との戦争から逃げ出せないように追い込まれていたんです。
英米は、蔣介石政府を借款《しゃっかん》で動けないようにがんじがらめにからめとっていて、中国共産党も抗日戦争を煽《あお》りたてた。どうにもならない状況の中で、蔣介石自身が周りから督戦されていた状況が出てくるという複雑な事態です。

西尾　それは正しい見方ですね。

日本人の理想主義と大陸の残虐な現実主義

西尾　『それでも、日本人は「戦争」を選んだ』は、ベストセラーになっていますが、読んで納得できない、明らかにおかしい、と思われた方が圧倒的に多かったのではないかと思います。

柏原　まず指摘したいのは、加藤さんが日米開戦時に国民党政権の駐米大使を務めた胡適《こてき》の「日本切腹、中国介錯《かいしゃく》」論を非常に高く評価していることです。胡適の議論は、つぎのようなものです。
中国は当時大国になりつつあったアメリカとソ連の力を借りないと救われないため、日本との紛争でアメリカとソ連の仲介を望んでいた。しかし、これらの二国にしても日本と敵対するのは損なので、中国は放置されてしまう。アメリカ、ソ連を巻き込むためにも中国が日本との戦争をまず引き受けて、二〜三年間は負け続けるべきだというものです。膨大な犠牲を出しても中国は戦争を引き受けるべきという胡適の考え方に、〈これだけ腹の据《す》わった人は面白い〉という評価を寄せています。そして〈中国の政府内の議論を見ていて感心するのは、「政治」がきちんとあるということです〉と絶賛しているのです。

果たしてこの絶賛を額面どおりに受け取ってもよいのでしょうか。胡適のアイディアの背後には、彼が米国留学中に学んだプラグマティズム（実用主義）の発想がありますが、より端的な言葉で表現するとマキャベリズムでしょう。

西尾　大量の自国民を犠牲に供する残虐ファシズムともいえますね。

柏原　歴史上の非道な梟雄《きょうゆう》を讃えるようなもので、加藤さんは中国大陸の暗いマキャベリズムにほれ込んでいるんです。一九三〇年代の日本に「政治」はなかったのでしょうか。一九三一（昭和六）年の満州事変は日本なりの「政治」だったのではないでしょうか。

注目すべきは、満州事変とその後に成立する満州国に込められた日本の気高い理想です。五族協和、王道楽土という理想を日本は実現しようとしていたのです。こうした日本人の精神史を紹介できていないところに、加藤さんの限界があります。

日本の理想主義と大陸の残忍な現実主義を比較した時に、加藤さんは大陸の残忍さに惹かれてしまう人なのです。自国の国民の生命を危険にさらしてでも、政治的目的を達成するというのは、典型的な全体主義的発想です。加藤さんは満州事変を「謀略」として切って捨てていますが、こうした胡適のアイディアこそ大謀略として非難しなければならないはずです。日本の「謀略」は悪で、中国の謀略は善という価値観の分裂がみられます。

福地　そのとおりですね。胡適の「日本切腹、中国介錯」論は、朝鮮戦争の際に、毛沢東が「中国大陸には十億人いるのだから、四、五億人死んでも問題はない。アメリカは原爆を落とせるものなら落としてみろ」と発言したのと同類のことです。

西尾　天安門事件で鄧小平《とうしょうへい》が「窓を開ければ（改革開放をすれば）ハエが入ってくる。入ったハエはぴしゃりと叩けばよい。その為には百万人が死んでもかまわない」と言ったのとも同じですね。

福地　毛沢東も鄧小平も自国の国民を人間と思わない連中です。胡適とはそういう人物です。加藤さんがその胡適に惚れているというのは大問題です。

柏原　胡適のような中国の残忍で全体主義的な発想を一方で持ち上げながら、他方で日本の満州国建国に対しては強く否定します。少なくとも日本は気高い理想主義を掲げて建国したわけですから、そこを平等に見なければ歴史として成り立ちません。

中国の怖ろしい正体がわかっていない

福地　マルクス・レーニン主義というものは目的のためには手段を選ばないことがいちばんの根幹にあります。共産革命がいちばん大事であって、人民のことなど関係ないのです。

西尾　教師として加藤さんは生徒の前で何百万、何千万人の国民が死のうが関係なく、それが政治なのだという中国人の怖ろしい現実主義を前提とした論を述べ立てて、平然としています。

一九三八（昭和十三）年に徐州を追われた蔣介石軍が、日本軍の進撃を止めるため、河南省の花園口付近で黄河の堤防を爆破した事件がありましたね。日本軍は被害を逃れるのですが、あふれ出た奔流は河南平野全域を飲み込み、数十万人の溺死者を出す大惨事となりました。

これは、マルクス・レーニン主義のせいではなく、中国の歴史と文化それ自体の問題ですが、前にも述べたとおり、加藤さんは中国というものの正体が全くわかっていないのです。

福地　黄河決壊事件ですね。蔣介石はこれを犯罪と思わないんです。さらには南京大虐殺なるものをでっちあげたわけですが、本当は蔣介石が大虐殺を行いたかったんですよ。

西尾　不思議なことに、この本の中で、生徒諸君から「先生の考え方はおかしいのではないですか」という質問が一切出てきませんね。

福井　加藤さんに完全に誘導されているんです。なるほど洗脳というのはこうやって行われるものなのかと怖ろしく思いましたね。

西尾　質問するどころか、生徒が〈胡適はすごいなと思った〉と言っていますね。これは大変なことですよ。加藤先生の授業に関わった栄光学園の先生方に、この授業は怖るべき思想の洗脳であることを警告し、直ちにこの本を子供たちに今後読まないように指導しなさいと申し上げなくてはなりません。

福地　さらに気になったのは本文の随所に、加藤さんの感想として「面白い」「面白いですね」という表現が出てくることです。

　確かに歴史家として興味を持ち、面白いと感じることはあるかと思います。しかし、加藤さんは人道主義やお互いを尊重する精神に悖《もと》ることなども面白く感じてしまうのです。加藤さんにとって胡適は「面白い」、つまり虐殺も「面白い」ことなんです。

西尾　酷《ひど》いことに加藤さんは、そのことに全く無自覚なんですね。

「アジア迂回戦略」をとったコミンテルンの叙述がない

福地　次にコミンテルンを取り上げたいと思います。

加藤さんは「帝国主義戦争」、「侵略戦争」に最も反対した平和の党が日本共産党だと信じているようですが、共産党とは日本の国体、歴史と文化と伝統を破壊して共産革命を実現しようと行動する国家反逆政治団体です。

第一次大戦において、欧州方面では帝政国家が崩壊しました。特にロシアでは、レーニン、トロツキーのボルシェビキ共産革命が成功した。ロマノフ朝が滅亡し、ソ連が誕生したことは周知の事実です。その国際共産主義革命推進の総本部であるコミンテルン（第三インターナショナル）が、モスクワに設置され、行動を開始したのは、一九一九（大正八）年三月のことです。

コミンテルンはさっそく日本、中国、朝鮮、インドシナに対する共産化のための情報戦、同調者獲得戦を開始し、日本や中国に共産党（コミンテルン支部）を設置し、共産革命の諸工作を展開します。各国の現体制破壊を企む勢力には、莫大な運動資金が国際金融財閥から秘密裏に提供されていったのです。

加藤さんはこれらの重大な事実を知らないようで、コミンテルンに関しては、一切の叙述が見られません。

ソ連およびコミンテルンの国際共産主義運動が甚大な脅威となって我が国に重く押《の》し掛かり、その脅威に対する対処策を我が国は不十分ながらも必死に講じます。

中国の「反日・侮日」運動から「抗日解放戦争」へのコースは、ソ連、コミンテルン、さらに陰に隠れて、アメリカ、イギリスにより指導されました。満州問題もシナ事変もこの文脈から読み解くべきでしょう。

西尾　戦史について書かれた歴史書である以上、コミンテルンについての叙述がないなどおよそ考えられませんね。

福地　さらにソ連とコミンテルンの世界共産化戦略は、まず「アジア迂回戦略」（一九二〇年十一月二十六日、モスクワ共産党細胞書記長会議でのレーニンの共産革命戦略演説）の展開でした。当面は、混乱と貧困の中国大陸と東洋の優等生日本の共産化を目標として掲げたのです。東アジアを共産化すれば、欧米列強、特に大英帝国の植民地を「解放」することができ、本国を経済的に困窮化せしめ、おもむろに欧米の共産化を推進するという壮大な世界戦略です。

満州某重大事件から西安事件、盧溝橋事件、通州事件、上海事件へと日本軍を次々と挑発して、中国軍を「抗日戦争」に取り組ませ、日本軍と徹底的に戦わせて、両者、特に日本を疲労困憊《こんぱい》に追い込む。米英は「援蔣政策」で中国軍の継戦能力を維持し、ソ連、コミンテルンは、中国共産党を指揮して「抗日戦争」を煽りたてさせ蔣介石軍を督戦《とくせん》する。

日本軍はいつまでも長引く中国戦線の膠着状態に焦り出すのですが、内部攪乱分子が昭和初期の共産党弾圧の後、転向し、確信右翼になっていくことで、日本に南進論が台頭する環境が育ったのです。

柏原　偽装転向ですね。帝大生などの元左翼の転向組が各省や軍の中にもいたのですが、加藤さんにはこの動きが全く見えていない。

福地　日本軍を中国大陸の泥沼戦争（シナ事変）に引きずり込み、日本に最後のとどめを刺すべく対米英戦争へと突き進ませることに成功したのです。これが私の見解ですが、加藤さんは、盧溝橋事件からシナ事変への一カ月の道程を、あたかも一直線の既定コースであったかのように記述しています。〈一九三七年七月に北京郊外の華北地域で勃発した日中戦争は、華中地域に飛び火し、上海という国際的大都市を巻きこんで……〉というのです。

第二次大戦の原因の一つは国際共産主義の大謀略

西尾　戦争がエスカレートしたのは日本が主導的に行ったためだと、ひたすら言いたいのですよ。

福地　ここで、少し長くなってしまうのですが、大変重要な文章ですので、一九三七（昭和十二）年八月十五日に日本政府が発した「盧溝橋事件に関する政府声明」を次頁に示させていただきます。そのくだりは嘘偽りではありません。

盧溝橋事件に関する政府声明

　帝国夙《つと》に東亜永遠の平和を冀念《きねん》し、日支両国の親善提携に力を致せること久しきに及べり。然るに、南京政府は排日抗日を以て国論昂揚《こうよう》と政権強化の具に供し、自国国力の過信と帝国の実力軽視の風潮と相俟《あいま》ち、更に赤化勢力と苟合《こうごう》して反日侮日愈々《いよいよ》甚しく、以て帝国に敵対せんとする気運を醸成せり。近年幾度か惹起せる不祥事件何れも之に因由《いんゆ》せざるなし。今次事変の発端も亦《また》此の如き気運が其の爆発点を偶々《たまたま》永定河畔に選びたるに過ぎず。通州に於ける神人共に許さざる残虐事件の因由亦茲《ここ》に発す。更に中南支に於ては支那側の挑戦的行動に起因し、帝国臣民の生命財産既に危殆に瀕し、我居留民は多年営々として建設せる安住の地を涙を呑んで遂に一時撤退するの已む無きに至れり。

　顧みれば、事変発生以来屢々《しばしば》声明したる如く、帝国は隠忍に隠忍を重ね事件の不拡大を方針とし、努めて平和的且局地的に処理せんことを企図し、平津地方（北京〈北平〉と天津）に於ける支那軍屢次《るじ》の挑戦及不法行為に対しても、我が支那駐屯軍は交通線の確保及我が居留民保護の為、真に已むを得ざる自衛行動に出たるに過ぎず。而《しか》も、帝国政府は夙に南京政府に対して挑発的言動の即時停止と、現地解決を妨害せざる様注意喚起したるにも拘わらず、南京政府は我が勧告を聴かざるのみならず、却って益々我方に対して戦備を整へ、現存の軍事協定を破りて顧みることなく、軍を北上せしめて我が支那駐屯軍を脅威し、亦漢口・上海其他に於ては兵を集めて愈々挑戦的態度を露骨にし、上海に於ては遂に我に向かって砲火を開き、帝国軍艦に対して爆撃を加ふるに至れり。

ところが「物知り」の加藤さんは、当時の政府声明には目もくれず、〈日本が戦争をしかけて、中国の対日政策を武力によって変えようとしたことからすべては始まっているわけですが、それは日本側には自覚されません〉と断言しているのです。

そして、〈盧溝橋事件直後、蔣介石が米英仏ソに駐在する中国大使宛に発した「日本と開戦した場合、いかなる援助を望みうるや、駐在国の意見を打診し、至急報告すべし」という電信は、日本側に傍受、解読されていました〉と貴重な情報を提示しながら、それを蔣介石が熱心に対日戦争を望んでいた証拠とはしません。

実は、この十五日に蔣介石の南京政府は、対日抗戦の全国総動員令を下命《かめい》して総司令部を設置しています。二十一日、中ソ不可侵条約が締結され、翌二十二日には、中共軍が八路軍《はちろぐん》として国民党政府軍の一部となる。日本が、北支那方面軍を編成したのは八月三十一日のことです。

福井 加藤さんの最大の誤りは、世界を覆いつくした共産主義の脅威と悲劇について、意図的になのか、ほとんど触れていないことです。

二十世紀は戦争と革命の世紀でした。とりわけ旧ソ連が崩壊した今こそ、その批判と総括を徹底しなければならない。にもかかわらずそれをしていません。一九三二（昭和七）年に吉野作造が発表した論文の中の「いまの日本の状況は不思議だ。かつて日露戦争のときには政党も大新聞も戦争に反対したのに、なぜいまこれが起こらないのか。渇《かつ》しても盗泉《とうせん》の水は飲むな」

という言葉を引用して、昭和に入ってからの日本が、国際社会であたかも強盗のごとく振る舞い始めたかのように読者を誘導していきます。

さらに、この時点で政党が戦争反対の声を上げられなかった理由として〈中国に対する日本の侵略や干渉に最も早くから反対していた日本共産党員やその周辺の人々が、一九二八年三月十五日、一斉に検挙されるという三・一五事件が起こり（四八八人起訴）、その翌年の四月十六日に、三・一五事件の時点では逃亡できた共産党の大物党員などの検挙がなされた四・一六事件が挙げられます（三三九人起訴）〉と結論づけます。

開いた口がふさがらない暴論です。第二次世界大戦を引き起こした重要な原因の一つが、スターリンとコミンテルンによる国際共産主義の大謀略であったことは、今では誰も否定できない周知の事実です。

コミンテルンの打ち出した人民戦線戦術は別名「トロイの木馬戦術」ともいわれ、敵の城塞の中に兵隊となった木馬を送り込んで内部から内乱を起こすというやり方をモデルにして練られた作戦でした。

福地　先ほどの転向右翼ですね。

福井　尾崎秀実《おざきほつみ》の関わったゾルゲ事件などもその一環です。この人民戦線方式がフランスやスペインでの人民戦線内閣の成立となりました。人民戦線戦術では、ソ連は中立を維持して傍観しながら、帝国主義列強をけしかけて相互に徹底的に戦わせ、最後は互いに共倒れになる寸前まで追い込む。そこにコミンテルンの意を受けた各国の共産党が、革命を起こして政権を奪取する。

このコミンテルンの大謀略は見事に功を奏し、ソ連が最大の勝利者となったことは、その後の歴史が証明しています。第二次大戦後、東欧は共産化してソ連の衛星国となり、中国大陸も共産化してソ連の目的は達成されましたが、恐怖政治、鉄のカーテンが振り下ろされ、これらの地域の国民たちには、かつてソ連の人民たちが味わったのに比べてまさるとも劣らぬほどの、不幸と苦難が襲いかかることになったのです。

加藤さんはこのような重大な歴史的悲劇に触れていません。おそらく日本共産党、左翼に対する熱烈な共感＝シンパシーがあるんです。

西尾　だからこそ東大教授になれたんですよ。東大に入りたがる栄光学園の生徒さんはこのことはよく知っておいたほうがいい。むかし早大についていわれた「学生一流・教師三流の大学」は今は東大のことですからね。

レーニンのアジア迂回戦略は中国でもっとも成功した

福井　アジア迂回戦略はコミンテルンの源流ですね。これがさらに発達して人民戦線戦術までいくのですが、アジア迂回戦略で当初レーニンの狙いはヨーロッパだったんです。
ところが、ヨーロッパでは反共産主義の防御線がしっかりはられていますから、容易に入ってはいけない。レーニンはインド共産党を結成してインドに入っていこうとしたんですが、インドはイギリスががっちり押さえている。そこでレーニンは中国に注目したんです。これがレーニンのアジア迂回戦略です。

福地　迂回作戦には階級闘争の論理も入ります。本国が疲弊すると階級闘争が起きて、いや階級闘争を起こして、最終的には共産革命に流し込む戦略・戦術です。

柏原　ヨーロッパで、ハンブルグ蜂起などいろいろ起こるのですが、失敗しましたね。
それに対する反省として、一揆の形での政権転覆は断念したのです。

福井　一九二九（昭和四）年に世界大恐慌が起こり、瞬く間に共産党と並んで、ナチスが勢力を伸ばしました。

西尾　コミュニズムとナチズムが同質の全体主義仲間であった当時の時代状況が、加藤さんには認識されていないことがすべての問題の発端です。

福井　アジア迂回戦略は、中国大陸でもっとも成功しました。これは毛沢東政権に繋がっていくのですが、日本はソ連の行ったアジア迂回戦略にまんまと引きずり込まれて、中国の内乱に巻き込まれてしまった。

福地　アジア迂回戦略では、日本を非常に重視しているんです。二七年テーゼ、三二年テーゼなど綿密なテーゼが支部に送られたのは日本だけでした。日本を押さえてしまえば、アジアは押さえられるという発想がコミンテルンにはあった。

このようなコミンテルンによるトロイの木馬戦略が、なぜクローズアップされてこなかったのか。それは戦後は左翼が歴史学会を押さえているからです。

歴史を動かした人種問題

西尾　コミンテルンと並び、加藤さんが書いていない重要な問題がもう一つあります。それは人種問題です。

根本的に人種感情というものが、十九世紀末から二十世紀の歴史を動かした大きな要因でした。これは人種によって人間の優劣が決まるという哲学上の思想が大手を振ってまかり通っただけではなく、アジア人や黒人に対する公然たる差別や蔑視に、ユダヤ人加害国としてのドイツの人種問題も含まれます。白人の黄色人種と黒人に対する差別の問題というものは、歴史を大きく動かした要因の一つなのです。

今では北米大陸のインディアンの掃討と、オーストラリアの先住民のホロコーストについては忘れさられ、歴史の彼方に消えてしまっています。

しかし、一九四一（昭和十六）年以前の日本にはある種の不安と予感があり、白人から同じことをされるのではないかという脅威もあって、少なくとも対敵認識の要因、要素の一つとして常に人種差別が意識されていました。ですから、人種問題というのはアメリカが持っていた心の闇の部分でもあるのです。

実際にルーズベルトには、日本人が残虐なのは頭蓋骨の一部が歪んでいるからだとの発言があります。また、サルが飛行機を作れるわけがない。だから、最初の日本の飛行機にはドイツ兵が乗っているんだと完全に舐《な》めていたということも含めて、人種的な偏見が根強くありました。

日本に対する白人社会の攻撃は、コミンテルンの参画も含めてですが、日本と中国が協力し一つになれば、大変なことになるという思いが欧米諸国にはあったからでもあります。

柏原　そうです。

西尾　現在でもまだあります。二〇〇九年九月に行われた国連総会で各国が騒然となったのは、中国と日本が手を結ぶという国際政治のパラダイム変化が、ついに起こるのではないかという焦りが底流にあるのです。

福井　石原莞爾《かんじ》もその構想を持っていましたね。

西尾　それが恐怖感となってなんとしても日中離間、日中を戦わせるという思惑と、日本の戦いをアジア解放の聖戦にはさせない一貫した方策がアメリカ、イギリス連合軍にあり、それに蔣介石政権が参画してしまったのが人種的裏切りでした。だからコミンテルンの陰謀と同時に、白人イデオロギーの陰謀がコミットしているのです。

柏原　連動していたわけですよね。

西尾　加藤さんがこの点に全く言及しないのは彼女が過去を考える歴史家ではなく、戦後という現在にしばられている平板な知識人だからです。人種問題が忘れ去られてしまったのは戦争が終わって、アウシュビッツという言葉が地球上に広がってからです。まるで白人は、自分たちが差別の感情を持っていないかのごとく振る舞いだしました。

一九八六（昭和六十一）年の中曽根康弘首相の黒人発言が大騒ぎになるなど、戦後世界では少しでも差別を口に出すことは政治的に致命傷になると考えられていくのです。

福地　日本人は黒人に差別感情を持っているのではなく、要するに無知と未経験にすぎません。

西尾　アメリカの差別感情がすさまじいのは事実で、黒人の普通選挙が実現するのは一九六四（昭和三十九）年のことです。戦争中には、白人が黒人と潜水艦に一緒には乗らないということが頻繁に起こっていた。

注目すべきは、第二次大戦が始まる前にアメリカに住む黒人の一部が、日本とは戦わないと言ったことです。パリ講和会議で人種差別撤廃案を提出した日本に対して、我々はそのような日本人を敵にして戦わないと言ったのです。

柏原　アメリカには人種差別の問題、そして移民の問題もありますね。

西尾　そうです。アメリカ大陸には黒人の問題やインディアンの問題と同時に、大量のホワイト・プアの移民の問題がありました。ポーランドや南イタリアからは、船に乗ってものすごい数の移民が入ってくる。

当時の日本人移民など一パーセントにも及ばないにもかかわらず敵視され、排日移民反対運動が行われていくのです。理想主義を語ったウィルソンでさえも、「日本人と一緒に暮らすのはゴメンだ」とはっきりと言っています。

福地　現在でも、国連で戦前日本がやったとされている捕虜の虐待が話題になることがありますが、日本の捕虜虐待は少なかったのです。ニューギニア等でアメリカは徹底的にやっています。

福井　アメリカは、捕虜にする前に殺してしまうんです。大西洋単独無着陸飛行に初めて成功したチャールズ・リンドバーグはアメリカ、オーストラリア軍による日本兵の捕虜虐殺を目撃し、その様子を日記に綴っていますね。

柏原　加藤さんの本にはコミンテルンのみならず、人種問題にも全く言及がありません。共産主義と人種偏見という二つの巨大な欧米のイデオロギー的悪意に、哀れなほど無自覚なのです。悪いのは日本だということに終始しています。

陸軍悪玉、海軍善玉説は全くの間違い

福井　加藤さんのもう一つの誤りは山本五十六《いそろく》連合艦隊司令長官に対して〈彼は心の中では平和思想を持ってはいた〉と述べ、さらに米内光政に対しても〈米内も実にまともな軍人でした〉と両者を平和主義者として高く評価していることです。いわゆる戦後日本の論調を支配してきた陸軍悪玉、海軍善玉説です。しかしこれは俗説、通説にすぎません。

加藤さんは、太平洋戦争開戦直後の山本五十六の奇襲戦法について〈速戦即決以外で日本が戦争を行うプランをつくれただろうか〉と山本を弁護していますが、これは全くの間違いです。大東亜戦争も含めた第二次大戦は持久戦争でした。山本は戦略的に何の意味もないハワイ攻

撃・ミッドウェー攻撃を行い、杜撰《ずさん》な作戦のために大失敗を犯し、日本の敗戦を一気に決定づけてしまいました。

福地　敗戦責任者ですね。

福井　海軍が長年にわたって伝統的に練り上げてきた漸減邀撃作戦《ぜんげんようげきさくせん》を無視し、決戦戦争にこだわった。国力で劣る日本がアメリカと互角に戦うには、守備範囲を限定し、攻めてくる敵を迎え撃つ漸減邀撃作戦以外に方法はない。そして本来ならば日本が長期にわたる持久戦法によって、優勢に戦うことのできたはずの太平洋での戦闘で、虎の子の連合艦隊主力を一挙に失い、日本を破滅に追いやってしまったんです。

加藤さんは近代日本の戦争が専門テーマであるにもかかわらず、軍事史に関しては基本的レベルにさえ達していません。

福地　軍政と軍令の区別がついていないんです。軍令とは参謀本部、軍令部ですが、基本的知識がないため陸海軍省まで入れてしまう。

柏原　戦争のことを全然知らないんです。ソ連の航空機産業の成長には触れるのに、肝心のソ連の航空機の性能はご存知ありません。実際、ノモンハン事件でもソ連の航空機の損害はかなり大きかったのです。兵器の数にしか関心が及ばない人に、どうして戦争の歴史が書けるでしょうか。

福地　加藤さんは、「天皇の疑念」という節で、「対米英蘭蔣戦争終末促進に関する腹案」を取り上げたのはよいのですが、東条英機首相は、〈「戦争終末促進に関する腹案」という文書を、陸海軍の課長級の人々につくるように命ずる。これが戦争を終わらせる計画ですよ、と天皇の前で説明するための材料をつくらせる。ただ、この腹案の内容というのは、他力本願《たりきほんがん》の極致でした〉と頭から当時の軍部を馬鹿にした手厳しさで酷評している。

しかし、私見によれば、「戦争終末促進に関する腹案」には、陸海軍の統帥部がずっと蓄積してきた作戦である漸減邀撃作戦が書いてあるんです。漸減邀撃作戦はインド洋の重視で、イギリス本国とその植民地インドの交通線を日独協同で断ち切ろうとする、戦局全体を見渡した、日独側を有利に導こうとした大事な作戦であって、戦略・戦術的に非常にすぐれたものでした。

先の著者の評価は、戦争を何もわかっていない者が下した素人のものです。したがって、この終末促進に関する腹案を無視した山本五十六の大失敗もわからないのです。

「米内光政を斬れ」が阿南陸軍大臣の遺言

福井　さらに加藤さんはあたかも米内が戦時中にあって、平和主義を貫いた日本海軍の最後の良心であるかのように高く評価していますが、これは事実と大きく異なります。

第二次上海事件の時にも出兵を強硬に主張したのは米内です。海軍の戦略は伝統的に南進論ですが、南進の果てにはアメリカとの衝突が待ち受けている。昭和十年代の戦史を緻密にチェックしていくと、節目で必ず米内が関わり、シナ事変を拡大し、日本を対米戦争に誘導していったとしか思えないのです。

陸相の阿南惟幾《あなみこれちか》は八月十五日に自決する直前になって、周囲の側近に向かって「米内光政を斬れ」と叫んでいます。日本を戦争に誘導していった張本人が米内だということを、阿南は死ぬ直前になって確信したのでしょう。

福地　そうですね。

福井　加藤さんは大東亜戦争の総括に至るといきなり、一九二九年に『無産階級と国防問題』を書いた水野廣徳の文章を持ち出してきて、〈日本は戦争をする資格がない〉と結論づけます。突然、論理が飛躍するのです。

欧米列強の世界政策にふりまわされ、シナ事変の泥沼から抜け出すことができず、いつのまにか意図していなかった大戦争に心ならずもずるずると巻き込まれてしまった当時の日本の置かれた立場が、全く理解できていません。

あの戦争は国民挙げての防衛戦争だった

西尾　さらに論理が矛盾している箇所がもう一つあります。

まず加藤さんは、近代日本の獲得した植民地は台湾、朝鮮半島、南太平洋委任統治領など〈ほぼすべて安全保障上の利益に合致する場所といえますね〉と述べています。

次に、日本人は大東亜戦争が〈受身のかたちで語られることはなぜ多いのか。つまり「被害者」ということですが〉と折口《おりくち》信夫《しのぶ》の著作を挙げながら、戦死者の多くが日本の国土から遠く離れたところで亡くなったことなどを理由として、被害者としての意識しか持たない理由を挙げます。そのため加害意識がないのは困ったことだと述べていますが、そもそも日本人にとっては、今でもあの戦争には加害などという意識はなく、当然被害の意識なのです。

そのことは、加藤さん自らが日本は安全保障上の防衛的観点で植民地を作ったのであり、利益目的ではなかったことを認め、国民挙げてあの戦争を被害としてしか意識していないと述べていることから明らかです。

つまりそれは、国民挙げてあの戦争が防衛の戦争だったと認識していたことを意味しています。それなのに日本人には加害の意識がないのは困ったことだというのは矛盾ではありませんか。加害の意識など持ちようがなかったのにですよ。

福地　その点に関連してですが、アメリカ、イギリス、ソ連は蒋介石を徹底的に利用して、日本包囲殲滅《せんめつ》作戦を行い、日本敗北後は敗戦革命へと持ち込もうと企んだ性格の戦争だったと、米英の援蒋政策の推進を加藤さんは好意的に叙述します。

ソ連（スターリン）とコミンテルンの東アジア戦略、世界共産革命謀略、ゾルゲ・尾崎の南進政策へと突き進ませる謀略に関して、全く触れないのです。

国内で内通者が政府中枢、軍の実働部隊に入り込んでいるのです。そこを見ずしてあの戦争の悲惨さを理解できないのですが、なぜか叙述がありません。この方は本当に日本人なのだろうかという疑問が残ります。

加藤さんは〈お話の表面だけを理解すると、なんだか、英米ソなどの国々が中国を援助したから日中戦争は太平洋戦争に拡大してしまったといったような、非常に他律的な見方、つまり、他国が日本を経済的にも政治的にも圧迫したから日本は戦争に追い込まれた、日本は戦争に巻き込まれたのだ、といった考え方に聞こえる〉と叙述します。

西尾　少し事実がわかってきたんですね（笑）。

福地　ところが、〈日本における国内政治の決定過程を見れば、あくまでも日本側の選択の結果だとわかるはずです〉と述べるのです。

結局、この本の表題で加藤さんの真意でもある『それでも、日本人は「戦争」を選んだ』に戻るんです。何がなんでも、日本軍国主義があの悲惨な大戦争を起こした張本人だという古い歴史観を強調したいということです。せっかく中国や列国の動きを見ながらも、この結論とは実に奇妙異様というほかありません。

柏原　歴史的な研究が進み、様々な新しい事実が明らかになるにつれて、加藤さん自身の信条と徐々に乖離《かいり》してくるんです。

西尾　だから文章が支離滅裂になってしまうんです（笑）。

柏原　事実を事実として認めて、それから結論を集約するという作業ができていない。

福井　自分でもおかしいと思いながらも、従来の意見を言わずにはおられないんです。

西尾　日本が被害者としての自己認識と安全保障上の動機から行動していたことを自ら書いているにもかかわらず、やはり悪いのは加害国の日本だという話に戻る（笑）。それは加藤さんがマルクス主義、左翼の原罪意識にずっと引きずられているからでしょう。

福地　この本で加藤さんが述べていることは、連合国は平和と正義の勢力で、日本は邪悪な戦争勢力だった。日本の戦前は許せないというGHQ史観をもったいぶって叙述しただけの話なのです。歴史の事実を白黒転倒した日本人には有害な戦争理解を、国民にこれ以上普及させてはなりません。

「日本再占領政策」に忠実に従った本

西尾　これまで加藤陽子さんの『それでも、日本人は「戦争」を選んだ』をわざわざ取り上げて、長い時間を使い論じるに値しない経緯を辿るのに耐えたのは、加藤さんがアカデミズムに占めている位置から今後の文部行政、その他に与え得る可能性の高さを想定し、その影響の危険性を早い段階で摘みたかったからです。

最後に根本テーマを論駁《ろんばく》します。

加藤さんはこの本の序章で、人類が戦争をする目的は何かという根本問題について、ルソーが出した答えを持ち出しました。なぜルソーかということは疑問で、ルソーは本日我々が討議してきたコミンテルンに繋がる源流です。

ルソーは次のように言っているそうです。〈相手国が最も大切だと思っている社会の基本秩序（これを広い意味で憲法とよんでいるのです）、これに変容を迫るものこそが戦争だ〉と。占領して敗北した国の構造を変えてしまい、その国が最も大切だと思っている社会の憲法にまで手を突っ込んでそれを書きかえるのが戦争の目的だと、十八世紀人のルソーが言っていると加藤さんは大変に評価して語っています。その前提をまず認めましょう。アメリカが日本にしたことがまさにそうだったからです。

だからこそ当研究会は、第2章「日米戦争は宗教戦争だった」でピューリタンという神の国アメリカが、天皇というもう一つの神の国である我が国に仕掛けた戦争の破壊性から我々日本人はこれからどのようにして立ち直るべきか、さかんに論じ合ったのでありますが、加藤さんも我が国が最も大切だと思っている社会の基本秩序は天皇だと言っております。

当時の言葉で言えば国体の二文字に当てはまると書いております。そして、リンカーンの「人民の人民による人民のための」という文言が、人民を国民と言い換えて我が国の今の憲法の中に練りこまれていることをも取り上げております。

それでいて、加藤さん、あなたは、日本が失ったものの大きさについて何の苦痛の表明もありません。我が国の国柄は、リンカーンの言葉のごときもので言い尽くされるものではないのです。日本人が最も大切だと思っている社会の基本秩序にまでアメリカが手を入れたことに、あなたが深い憤りも私的疑問さえも抱かずにきた人であることは、この本を最後まで読むとますますはっきりすることが本日証明されました。

加藤さんが力を込めて書いた序章で、はからずも見せてしまったGHQ占領史観への忠誠心は、この本が、日本人が日本の戦争を語った本ではなく、冷戦終結後に新たにホワイトハウスから派遣されたアメリカ情報部員が、「日本再占領政策」のために知力を尽くした本でもあることをまさに証明しているように思えるのであります。

その意味で本書の基となった講義を主催した栄光学園の学園長と関係の諸先生に、まだ幼い貴校の生徒たちを洗脳し、占領地宣撫《せんぶ》要員に仕立てようとしている本書の巧妙な仕掛けにいち早くお気づきになり、害毒を拭い去るべく、生徒諸君に講義の無効なることを宣言されますよう、再度進言申し上げます。

第4章

半藤一利『昭和史』は紙芝居だ

「昭和の戦争」が善悪二元論で語られる

西尾　本章ではこの数年、書店の店頭に高く積まれた半藤一利氏のベストセラー『昭和史』（平凡社）の「徹底批判」を試み、同書の歴史書としての存在資格を問いただします。

福地　半藤氏の『昭和史』を読んで、私が特徴的だなと感じたのは次の三点です。

第一は、昭和天皇と元老・西園寺公望《きんもち》、連合艦隊司令長官・山本五十六への高い評価です。

第二は、マルクス主義の「善悪二元論」の色彩は薄く、歴史事実をよく踏まえた良識的歴史叙述に思え、ぼんやりと読んでいると、「昭和史」とはまさにこのようなものだったのかと妙に合点せざるを得ない気持ちにさせられることです。

第三は、しかし、「階級闘争史観」の影は薄いのですが、「善悪二元論」を国家権力部内に巧みに援用している点です。ようするに、半藤さんは戦争を好む「悪い勢力」と平和を望む「善い勢力」との鬩《せめ》ぎ合いが、戦前「昭和史」の主旋律だったと主張します。つまり、陸軍の「統制派」や海軍の「艦隊派」や議会の「民族主義者」らが「悪」です。

他方、「平和主義者」、例えば昭和天皇、元老・西園寺公望、穏健な政党政治家や海軍の「条約派」（米内や山本への高い評価）ら「良識派」は、「善」です。大事な時期に首相を務めた近衛文麿は「善」と「悪」との二股膏薬《ふたまたごうやく》で最悪の政治家とされます。「悪」は「善」を威圧し排除して、シナ大陸侵略の「無謀な戦争」を推進し、あげくの果てに「世界の平和と安定」を希求する英米ソと激突せざるを得ない馬鹿な道にはまり込んで、「国家の滅亡」へと誘導したと叙述します。その物語を説得的にするために、明治国家体制の不備が、結局は「悪」をのさばらせた基因だったと力説するのです。

なんのことはない。「民主主義国家」とは言い難い旧体制の「大日本帝国」は、「侵略主義勢力」によって中国大陸へ、東南アジアへ、太平洋へと戦線を広げたがゆえに、平和と民主主義の使徒である「正義の連合軍」に懲罰されたのだと説教し、あの「昭和の戦争」とは、日本の「悪い勢力」が起こした戦争だ、日本の「内部的要因」が推進した戦争だと主張するのが、半藤「昭和史」の本質です。

西尾　鋭く切り込みましたが、半藤さんの歴史観をもう少しわかりやすく具体的に説明してもらえませんか。

大局的な視点が決定的に欠落している

福地　国際共産主義本部が作為した「コミンテルン史観」（日本国家解体の共産革命戦略の史

観）と、米英が作為した「太平洋戦争史観」（米英支ソが善で日本は悪という至極ご都合主義の史観）を敗戦から六十年経った今も、公正を装いながらも、実は金科玉条のように拳々服膺《けんけんふくよう》しているわけです。きちんと認識すべき点は、半藤史観の下敷きは「太平洋戦争史観」だということです。

半藤さんの史観の特徴は、十九、二十世紀の国際政治、軍事、経済への大局的な視野の欠落です。国際政治、軍事、経済を動かした、英米仏独ソ等「強国」の動向が二義的要素のようで、ましてや、米国大統領ルーズベルトや国務長官スチムソン、英国首相チャーチル、ソ連のスターリンやコミンテルンの国際情勢を創造する際の「悪意」や「策謀」は、氏の史眼にはとんと映っていない様子です。数点だけ指摘します。

第一に、満州某重大事件（張作霖爆殺事件）からポツダム宣言受諾までは、一直線の流れではありません。一直線だと強弁したのは、東京裁判の検事の起訴状です。半藤さんはこれを真実として疑わない。

私見によれば、満州事変は日露戦争で獲得した権益を死守する自衛的戦争でした。満州国に関しては、塘沽《タンクー》停戦協定で蒋介石政府との間に相互了解が成立しました。今も昔も我が国は「資源小国」ですが、明治時代から「工業立国」で自主独立を確保することに国運を賭けました。

日本列島の人口を江戸時代の水準に維持して、細々とした「農業立国」で、果たしてあの惨酷無比の帝国主義時代を生き延びることができたでしょうか。おそらく、それは無理だったと思うのがマトモな日本人だと私は思いますが、どうでしょうか。

満州は侵略して獲得したのではなく、ロシア帝国のなり振り構わぬ強引な南下侵略を、中国に代わって阻止して獲得した権益地帯でした。我らの先達が、この満州を東アジアの「安定と発展を保障する地帯」に開拓、発展させようと考えたのは自然の流れだったというべきです。

当時の中国諸軍閥は、そのような大きな視野を持ちません。日本による満州の開発を、英米ソは、非常な脅威と感じたのは間違いありません。

ある目的のために歪められた歴史観

福地　第二に、半藤さんは、西安事件、盧溝橋事件の重大な意味が見えていないようです。視野が国内に限られて狭窄《きょうさく》だから見えないのでしょう。西安事件から始まるシナ事変（今言うところの「日中戦争」）に至る流れは、日露戦争から満州事変に至る流れとは別種のものです。つまり、中国の蔣介石政権とその陰に隠れて暗躍する中国共産党に、様々な挑発をされて応戦せざるを得なかった戦争と言えます。

しかも、その蔣介石の背後には英米があり、ソ連コミンテルンがあり、「戦略」があり、「謀略」がありました。この勢力たちこそが、真の侵略主義者です。その現実を見ようともしない半藤さんは、陸軍内部で有力だった「支那一撃論」を必要以上に強調して、日本の軍部が推進した侵略戦争だと言い張る。

「シナ一撃論」とは、中国の我が国に対する「反日・侮日・日貨排斥」運動や「反日教育」、そして在留邦人に対する悪質なテロ行為、挑発、嫌がらせがあまりにも執拗《しつよう》だったがゆえに、この悪い流れを「一撃」で断ち切りたいとの思いから出てきている。侵略目的の「一撃」ではないのです。

挑発や謀略を企む敵の悪は、目をつぶって一切見ようとしない。したがって、敵が異様だとは思いもよらない。ところが、自国の軍人や政治家が必死に国を護ろうと努力をするのを見れば、憎くなる。実に奇怪な心理です。戦後六十年間、国家は、奇怪な心理の持ち主が叙述するような歴史を「公認」してきたのですから、半藤『昭和史』が人々に評価されるのは理の当然というわけです。

西尾　その指摘は重要ですね。

福地　第三に、シナ事変とは、英米あるいは共産ロシアが、蔣介石軍閥をうまく利用して我が陸軍を大陸の泥沼に引きずり込むことで、だらだらと続かざるを得なかった戦争です。これを脅しの種にして、米英は我が国を太平洋の戦場に引きずり出したのです。この歴史の事実を半藤さんほどの物知り博士が見ようとしないのは、敵に押し付けられた敗北主義に縛られているからでしょう。

米英やロシアに庇護されて、彼らの傀儡《かいらい》国家になっても飯が食えれば良いという類の似非《えせ》国防論なら、話は別です。

しかし、民族の歴史と伝統を、自尊心、自主独立を護るとの観点からの国防論から言えば、元老・西園寺公望と彼を補佐する政治家や、協調外交の旗手、幣原《しではら》喜重郎《きじゅうろう》らの国際情勢認識は当を失している。軍部はもちろん万全とは言えなかったし、また海軍指導部は問題が多かったが、前者に比べれば大いにマシだったと私は見ます。半藤さんと全く逆の見方です。

第一次世界大戦、ロシア革命、ドイツ革命以降、さらに一九二九（昭和四）年の世界大恐慌以降の国際政治、軍事、経済状況は、まさに「国際戦国時代」の様相を呈しており、強力な国防国家建設の必要性は一層強まったと見なくてはならないからです。

誰が、真の「侵略主義者」だったのか。そこを見極めるのが、問題の核心なのです。

半藤さんは、敵対諸国を信頼しているが、明治国家体制と軍部、あるいは毅然とした政治家は絶対に許せないようです。日本民族を信頼していない。ベストセラー『昭和史』は、英米が日本を永遠に従属国に釘付けにする工作として創作した「太平洋戦争史観」の受け売りだから、日本人のための「昭和史」ではない。

我々が、現代史を見直す必要性を主張する論拠は、まさにここにあります。遅きに失した感が無きにしもあらずですが、「ある目的のために歪《ゆが》められた歴史観」を正道に糺《ただ》さずしては、日本民族が独立主権国家として二十一世紀を毅然と生き抜くことはできないと、強く危惧せざるを得ません。

日本が国際社会で占めていた存在感が希薄

柏原　半藤さんの『昭和史』を通読して感じるのは、日本が明治維新以降、国際社会の中で占めていた存在感がまるで伝わってこないということです。ここでは、昭和史という点からは遠回りになりますが、導入として、日清戦争における三国干渉にまで話を戻して、私が感じている違和感を説明できればと思います。
日清戦争における日本の勝利は、ヨーロッパ情勢に多大なる影響を与えていました。ここではまず、日清戦争の三国干渉のプロセスを振り返っておきたいと思います。日清戦争における日本の快勝の結果、東方に目を向けたのがロシアでした。当時のロシアにとっての最大の関心事は、バルカン半島を含む、オスマン帝国の周辺部にいかにして覇権を確立するかという問題でした。

しかし、この地域での覇権を唱えることは、隣接するオーストリア、それにインドとの交通路を重視する英国との深刻な対立を招く可能性がありました。ですから、ロシア東方進出への野望とは、ヨーロッパにおける国際緊張の緩和でもあったのです。

こうした傾向を歓迎したのが、ドイツでした。ドイツは当時、ロシアとフランスによって、外交的に包囲されていました。いわゆる露仏同盟です。露仏同盟とは、一八九〇（明治二十三）年にヴィルヘルム二世が、ロシアとの再保障条約の更新を拒絶した結果、今度は孤立したロシアが、やはりビスマルクが作り上げたヨーロッパ秩序で孤立していたフランスと締結した同盟です。

露仏両国は、一八九一（明治二十四）年に政治協定を、九四（明治二十七）年には軍事協定を締結します。ドイツとしては、遅れたロシアと結ぶよりも英仏という先進国と同盟を結んだほうが有利だという判断があったのですが、これが見事に裏目に出たのです。

三国干渉にドイツが加わった動機は、三国同盟の一方の同盟国であるオーストリアとの関係を悪化させることなく、ロシアとの関係改善を図れるチャンスでもあったということなんですね。しかも、ロシアへの忠誠をフランスとの間で競うこともできたわけです。

これに対するフランスの反応が興味深いのですが、ロシアに対する支援を強化することで、このドイツの挑戦に応えたのです。フランスはロシアに膨大な資金を提供し、その資金を元手にロシアは清朝における鉄道建設に乗り出します。そして、ロシアは満州を起点として北から南に、フランスはインドシナを起点として南から北に、他の列強勢力を中国から締め出すために鉄道建設に乗り出すのです。

しかし、これにはさすがに英国やドイツも反対します。ですから、日本が三国干渉で譲歩すると、ロシア、フランス、ドイツという極東における枠組みは消え去るのです。

このように、一八九〇年代の終わりまで、ドイツは英国と露仏同盟の狭間《はざま》で漂うのです。重要なのは、ドイツが3B政策（ベルリン・ビザンチン・バグダッド）に代表される積極的な対外進出政策に乗り出すのは、三国干渉でのロシアとの関係改善に失敗した後であるということです。三国干渉は、日本外交にとっては一つの挫折でした。しかし、ドイツにとっても外交政策の転換点だったのです。

こうした文脈を頭に入れておくと、日英同盟も、南アフリカでボーア戦争に多くの資源を投入せざるを得なかった英国が、露仏同盟、特にロシアへの対処に苦慮した結果生まれたものであることがわかる。

英国とロシアはクリミア戦争以降、ユーラシア大陸周辺部で、とりわけインド北西部で対立する関係にありました。いわゆるグレートゲームです。日露戦争の結果、日本がぎりぎりのところで勝利を収めると、英国はインドを確保できたために安心したわけですし、ドイツやオーストリアはといえば、弱体化したロシアを横目で睨みつつ、バルカン半島への圧力を一層強めていくことになります。その帰結が、英仏露と独墺とが雌雄《しゆう》を決した第一次大戦でした。

　このように、日本はすでに日露戦争以前の日清戦争の時代から、国際秩序に大きな影響を与えていました。

西尾　日本だけが、ぽつんと孤立して自己運動をしていたわけではないということですね。

西安事件やゾルゲ事件などを故意に無視

柏原　こうした日本の存在感は、半藤さんの『昭和史』からは全く感じられません。加えて、当時の列強の激しい植民地、利権獲得競争にもほとんど言及がありません。当時の日本が置かれていた国際環境に言及して初めて、当時の日本の対外進出の意義も明らかになるのではないでしょうか。

　こうした国際環境への視線のなさが、半藤さんの歴史記述を大きく損なっているわけですが、あえて言えば次の二つの点に集約できるように思います。

　まず第一に、ロシアに成立した共産主義政権の活動を軽視している点です。『昭和史』の第六章では、西安事件に対して〈中国のナショナリズムが一つになって誕生する、まさに対日抗戦を可能にする歴史の転換点〉と述べておられますが、中国共産党の背後にソビエト・ロシアがいたことを忘れておられるようです。

むしろ西安事件は、ヨーロッパで展開された人民戦線戦術の枠組みで理解されるべきものではないでしょうか。西側諸国との違いは普通選挙の有無で、選挙が行われていなかった中国では、支配勢力の抱き込みが蔣介石の誘拐という形で行われたということだと思うのです。

加えて、ゾルゲ事件、満鉄調査部事件、企画院事件といった共産主義勢力によるスパイ事件にも言及がありません。特に、ゾルゲや尾崎秀実の活動は近衛内閣にも深く食い込んでおり、そのインナーサークルで南進論を強硬に主張していたのはまさに尾崎秀実でした。しかし、半藤さんはこうした重要な事件を故意に無視しています。

最後にもう一点挙げるとすれば、日米開戦に至るまでの過程で、半藤さんはフランクリン・ルーズベルト大統領の対日敵意を半ば正当なものとして、議論の前提にしてしまっている点です。初めから日本は悪者扱いです。そのために記述にかなりの無理が見えるのです。特に、仏印進駐を扱った十章ですね。この部分を何度読んでも、なぜ仏印進駐が〈日本軍の戦闘意識を世界的に感じさせた〉のかがはっきりしません。

当時のインドシナはヴィシー政権のもとにあり、そのヴィシー政権は日本の同盟国であるナチス・ドイツの管理下にあった。その目的も、援蔣ルートの遮断《しゃだん》にあったことが明らかでした。東南アジアに広大な植民地を所有する英国が脅威を感じるのは十分理解できますが、アメリカが北部仏印進駐に激怒する理由はないのです。

対米交渉において、日本側がアメリカとの和平を重視していたのですから、植民地フィリピンへの脅威も考えられないでしょう。むしろ、援蔣ルート封鎖に態度を硬化させたのだとすれば、アメリカのほうに下心があったことになります。

それに先立つ一九四〇（昭和十五）年一月の、日米通商航海条約破棄の理由が述べられていないのが気になります。翌年の在米日本資産凍結、対日石油輸出禁止といった措置も、独ソ戦の日付の後に次々と実施されていることに注目すべきだと思います。フライングタイガーズなどの中国への支援を受け持っていた事務方は、第二次大戦中にソ連側に情報を流していた大統領補佐官のロークリン・カリーですし、ハル・ノートの原案を作成したのは、ソ連情報機関のエージェントであった財務次官補のハリー・デクスター・ホワイトでした。

こうしてみると、アメリカの蔣介石国民党の支援は、アメリカ側の将来の中国市場への野望と、独ソ戦開始のために風前の灯火であったソビエトを救うための米国政府内のソビエト・スパイによる必死の努力の賜物《たまもの》であったといえるでしょう。

ルーズベルトは、中国と日本、そしてアメリカと日本の戦争を望んでいたのです。

半藤さんの言うように、軍部の愚かしさだけに先の大戦の原因を求めることは相当の無理があると思います。

「結果を前提とした逆立ちした歴史認識」

福井　昭和史に対する半藤さんの歴史観は、二つの大きなトーンをベースに構成されています。先ほど福地先生がご指摘されたとおりですが、一つは陸軍悪玉、海軍善玉という善悪二元論であり、もう一つは日清・日露戦争までの明治を栄光の時代と捉え、昭和前期の歴史を暗黒と破滅の時代と捉える、これもまた明治善玉、昭和悪玉の善悪二元論です。

この二つのトーンは表裏一体でからみあっているのですが、半藤さんのあらゆる歴史作品は、このあまりにも単純極まりないいずさんな固定観念をバックボーンにして、最終結論に持っていくべく構成されている。

つまり「最初に結論ありき」で、ある一つの決まった結果、結論をもとに、過去の歴史を裁いているのです。私はこれを「結果を前提とした逆立ちした歴史認識」と呼んでいます。

半藤さんはこの『昭和史』で、〈司馬遼太郎さんがいう〝魔法の杖〟が振り回された〉という表現をしていますね。これは、司馬遼太郎さんの持論である「日本という国の森に、大正末年、昭和元年くらいから敗戦まで、魔法使いが杖をポンとたたいたのではないでしょうか。(中略) 発想された政略戦略あるいは国内の締めつけ、これらは全部変な、いびつなものでした」という言葉を指しているんです。

半藤さんが、いわゆる司馬史観の系譜を受け継ぐ一人であることは周知の事実です。ノモンハン事件は、司馬さんが書こうとして果たせなかった最大のライフワークのテーマです。司馬さんの死後、半藤さんがその遺志を受け継ぐかのように書いたのが『ノモンハンの夏』(文藝春秋) であり、また『昭和史』の第七章に書かれている「ノモンハンの悲劇」という項目です。

半藤さんの文章表現には甚だしい特徴があるのですが、それは形容詞が異様に多いということです。例えば、陸軍の参謀たちを評して「愚劣、無責任、無謀、独善、泥縄、手前本位でいい調子、おぞけをふるう巨悪、夜郎自大、いい気なものよ」こういった表現のオンパレードなんです。

ところが、ノモンハン事件は司馬さんや半藤さんの解釈と違って、実は日本軍の大勝利だったことが最近の研究と史料公開によって明らかになりつつある。ですが、半藤さんにすれば「ノモンハン事件は、陸軍の愚かしさと昭和の破滅の象徴である」という司馬史観の最後の到達点を、石にかじりついてでも守り抜こうとしている。最初に結論が決まっているから、その線に沿って書くしかないんです。

西尾　半藤さんはよほど陸軍に恨みがあるのでしょうか（笑）。

太平洋戦争は海軍の戦争だった

福井　同じことは、海軍に対する評価についてもいえるんです。半藤さんの抱いている海軍善玉説、これはやはり日露戦争でバルチック艦隊を撃破した明治海軍はすごいが、それにひきかえ昭和の陸軍は駄目だということなんでしょう。ところが、昭和の戦史を緻密にチェックしていくと、海軍善玉などということはとてもいえません。

とりわけ、太平洋戦争などは開戦責任も含めて、あのような悲惨な結末をもたらした原因は、むしろ海軍の責任のほうが大きい。太平洋戦争は海軍の戦争だったんです。日本の陸軍の伝統的戦略方針は対ソ連、北進論を中心とするものでした。陸軍としては、北方のソ連の脅威と中国問題をいかにうまく処理するか、ということが最大の関心事であって、アメリカとの戦争など陸軍は最初から考えていなかった。

それに対して、日露戦争以降の海軍の仮想敵国はずっとアメリカでした。西太平洋の覇権をめぐって、日米はライバル関係になっていたんです。満州事変の時の第一次上海事件も、シナ事変の時の第二次上海事件も、出兵を強硬に主張したのはむしろ海軍です。

海軍の戦略は伝統的には南進論ですが、南進の果てにはアメリカとの衝突が待ち受けている。そして仮にアメリカと衝突したとしても、あのような悲惨な敗戦を回避できる方法はいくつかあったのです。しかし、山本五十六の滅茶苦茶な作戦のせいで、日本は一挙に破滅へ転がり落ちてしまった。

日本はアメリカを相手にする場合、補給線を確保して持久戦に持ち込まなければならなかった。にもかかわらず、山本はそれを無視し、アメリカ艦隊との決戦を求めて宇宙空間のように広大な太平洋を彷徨するという、最もやってはならない選択をしてしまったんです。そして日本にとって戦略的に何の意味もないハワイ攻撃、ずぼらで馬鹿げたミッドウェー攻撃を行い、前代未聞の大敗北を喫して、日本を一挙に破滅に追いやってしまった。

ところが海軍はそれをひた隠しにし、大勝利と偽って報告し、山本の責任も問われなかった。東条英機が敗戦直前に至るまで、ミッドウェーの大敗北を知らされていなかったというのは、有名な話です。

しかし、半藤さんは『昭和史』でも『山本五十六』（平凡社）でもそうですが、山本をまるで悲劇の英雄であるかのように美化し、日本海軍の犯した戦略の誤りについては分析のメスを入れていない。これは非常におかしな話です。

福地　半藤さんは山本五十六と同じ新潟県、越後の国のご出身でしたね。県人会的親近感が強いのでしょうか（笑）。

日本陸軍は対米戦争など考えていなかった

福井　太平洋における戦闘の記録を見ていると、海軍は果たして本当にまともに戦争する気を持って戦っていたのかどうか、それすら疑わしくなってくる場面が多々あります。補給線を無視し、戦線をどんどん拡大していって、南方の島々に陸軍を置き去りにしてしまった。

その結果、世界最強とうたわれた日本陸軍が補給を断たれ、その実力を発揮できぬまま、南方の孤島で飢えと病気のために次々に命を落としていったのです。だがこれは、陸軍の責任ではありません。陸軍は本来、大陸での戦闘に備えた訓練を受けていたのであって、太平洋での戦闘は陸軍の作戦範囲でなかったのです。

終戦時のポツダム宣言受諾にあたって、陸軍が最後まで本土決戦にこだわった気持ちもわかるような気がします。太平洋での海戦は、海軍のでたらめな作戦のせいでやられっぱなしだった。しかし陸軍はまだ負けていない。世界最強とうたわれた日本陸軍の底力を、最後の本土決戦で全世界に見せつけておかないことには、陸軍としてはこの戦争を終えるに終えられない。これが彼らの本音だったのではないでしょうか。

当時の日本陸軍はものすごく強かったんです。ノモンハンの戦いが日本軍の大勝利だったことは先ほど述べましたが、互角の装備で地上戦闘をやらせたら、おそらく天下無敵、世界最強の軍隊だったでしょう。

シンガポール攻略戦など、要塞に立てこもる十万のイギリス軍を相手に、半分以下のわずか四万の日本軍が陥落させているのです。要塞戦は守るほうが有利で、攻めるほうはその数倍の兵力を要求されるにもかかわらずです。当時の日本陸軍がいかに強かったか、おわかりいただけると思います。

日露戦争の時のように、中国大陸本土で、日米両陸軍がぶつかって本格的な地上戦闘をやっていたらどうなっていたであろうかと、歴史のイフを考えてみたくなります。

西尾　この手の本を読むのは、ともかく苦痛ですね。日本人はみんなウスラばか者である、トチ狂っている——どうやらそういう目で、昭和時代の日本の政治家や軍人の右往左往ぶりを、偉そうに見下す立場から嘲《あざけ》るように語っています。根底から間違っていると思います。日本人のためになりません。有害な書です。

半藤さんは、自民党政治が有事法制をかつて問題にしていたことに触れ、次のように語っています。

〈細長い土地の真ん中に山脈が走っているこの国は、どこの地方でもたいてい海岸線から車で一所懸命に走れば一時間や二時間で山に届いてしまうくらい狭いんです。そこに敵を迎えて民衆をどうのと言っている暇《ひま》など実際はないんです。ところがそんなことをムキになって議論している。これは昭和八年の関東地方防空大演習と同じようなことじゃないでしょうか。歴史は繰り返すと言いますが、相変わらず懲《こ》りずにやってるなという感じです〉

と、ばかにし切った言い方をしています。

いいのですか、北朝鮮や中国の脅威に現に日本がさらされ、心の用意は常に必要であるのにこんなことを言わせておいて。外国に侵されたら戦わないで逃げます、という例の戦後特有の病的平和主義、自虐歴史観の一人ですな、半藤という人は。

この本は、ページをめくるたびに至るところ、疑問ばかりです。第一次大戦についてこう言います。

〈日本は、関与せず知らん顔していればできたのですが、あとになって分け前が欲しくなって突然参加〉したそうです。欧州戦線へ向かうオーストラリア・ニュージーランド連合軍を海路守った日本海軍の苦労も書いていないし、地中海で商船を守るために自爆し、マルタ島に今でも眠る日本軍人のことも書いてありません。

満州建国は、半藤さんによると、日本が〈いきなり植民地にするのは無理なので、（中略）独立国のかたちにしてやって、その後に領有する〉下心がすべてだったんだそうです。実際に戦後満州を「領有」したのは中共ですが、満州はもともと中国（漢民族）とは別の国だという認識がこの本の著者には全くありません。〈いち早く国際連盟が動くとか、中国の大部隊が満州に入り込んでいれば、日本もそう簡単に占領できなかったのですが……〉当時、蔣介石は〈肝心要の日本を主敵とするという気持ちがまったくない〉といかにも残念そうで、私はいったいどこの国の立場でものを言っているの？　と聞きたくなりました。

義和団事件で日本の駐屯軍の人数は最初少なかったのだけれど、〈どさくさ紛れに日本はどんどん増やし……〉と言う言い方です。あの時、ボーア戦争でイギリスは兵が割《さ》けず、日本に急に派兵を頼んできた。日本軍は規律正しく、現地の良民は日本軍駐屯地に逃げ込んだのです。

盧溝橋事件だけは、最初の発砲が中国軍側であったことは、さすがにこの人も認めざるを得ません。しかも、二度目の挑発までが中国側からあったことも書いているのに、損害もないのだから放っておけばよかったのだと言います。そして、牟田口連隊長という悪いやつがいて、彼がことを荒立ててしまったために戦争が始まったと言います。

しかも、彼は「左遷」されていたので〈当時四十八歳、何か殊勲を上げて、飛ばされた無念を晴らしたいという思いがまだあったのではないでしょうか〉などと、どんなこじつけも見逃さず、中国が先に手を出したのに、何でも日本側が悪いというほうへ持っていきます。

〈軍人というのは困ったことに、戦争をして勲章をもらわないとなかなか出世しません〉こういうものの言い方が何度も出てきます。ノモンハン事件も、「勲章欲しさもあり」戦争を起こしたのだそうです。日本兵の略奪の記録をわざわざ持ち出していますが、匪賊《ひぞく》（強盗団のこと）の跋扈《ばっこ》する中国大陸で何百年にもわたり自民族に対する略奪、放火、強姦、民間人殺戮《さつりく》は中国兵のいわば「慣行」であり、「属性」であったことには触れられていません。

「正義の国」アメリカが日本を裁く

むかし、「正義の味方・黄金バット」という子供向けのテレビドラマがありました。悪者がはびこる地上に、いよいよになると黄金バットが登場して懲らしめてくれるのです。悪者はそれが出てくるのを怖れているのですが、わかっていてつい悪いことをしてしまう。

半藤さんのこの本で、悪者は日本軍で黄金バットはいうまでもなくアメリカです。

一九三二（昭和七）年頃まで〈アメリカは日本に好意的でした。国際連盟がガタガタしだした時も、アメリカは日本たたきの先頭になることはなく、日本の立場が自衛戦争であるかには若干首をかしげるところもあったと思いますが、少なくとも、意図的な侵略戦争とはとらなかったのです。が、ついに錦州は占領する、山海関へも出て行くとなりますと……〉日本は犯罪国家になりだした、とアメリカという「正義の国」が世界史を裁く大審問官となっておごそかに宣告を下した、という筋書きです。

これは戦後、アメリカが持ち出した聖戦物語で、私たちの世代が子供の時からさんざん聞かされたいわばＧＨＱの作り話にすぎません。半藤さんはあれから六十年も経って、アメリカの動機の裏もすっかり見えている今の時代に、ＧＨＱに洗脳されっぱなしというのはいったいどういうことでしょうか。

今まで多くの日本人は、なぜ日本はアメリカのような巨大な国と戦争をしたのかと問うてきました。半藤さんのこの本もその意味での日本人の失敗、あるいは愚行を問責しているといえます。けれども、私はむしろ逆にこう問いたい。アメリカはなぜ日本を相手に戦争をしたのか、と。何の必要があって、また何の利益や目的があってやったのか、と。今はむしろそういう問いを立てるべき時代です。

アメリカは自ら望んで日本と戦争した

パトリック・ブキャナンという有名なアメリカの評論家が、不必要な戦争であったというようなことを言い出しています。不必要などころかアメリカの参戦が世界の災いをむしろ拡大した、という見方をです。

十六世紀以後のヨーロッパのアジア侵略には、植民地支配という経済的目的がありました。西洋の資本主義は、常に安価な下層労働を必要としました。イギリスの産業革命以来、アジアへの強権の拡大にはそれなりの必然性があったといえます。

アメリカも一九〇七（明治四十）年頃までは、同じような動機で動いていました。日本はヨーロッパの合理的な考え方は理解しましたし、イギリスとはウマが合いました。しかし、二十世紀のアメリカは不幸にも日本の理解を超えていました。日本の政治家や軍部が愚かだったのではなく、アメリカのでたらめで、非理性的で、衝動的で、思いつきで動き、しかも道義や正義をかざすきれいごとの政治主義に、日本だけでなく、世界中が振り回されてきたことに思いを致すべきです。

大陸への日本の介入は確かに失敗でした。しかしそれは、日本人の暗愚のせいでも不道徳のせいでもなく、ドイツの戦争に時期的に重なった不運と、江戸時代の海禁政策が長く、日本人が中国文明を観念的に考えすぎて、実際の中国人を知らなすぎたせいでしょう。

しかもあの時代にイギリス、ソ連、アメリカはもとよりドイツまでもが日本軍の動きに介入し、謀略の限りを尽くしました。日本はあの時期、世界中の災難を一身に浴びる運の悪さで、私はそのことで苦労した日本の先人たちに哀切の涙を注ぎこそすれ、半藤さんのように嘲ったり、からかい口調で論断したりする気にはなれません。なぜなら、その原因の中心に「黄禍《こうか》」

があったと思うからです。

人種問題は二十世紀政治史の根底にありますが、半藤さんの念頭にはありません。白人たちは夷《い》をもって夷を制する方策を立てて、日中を争わせました。ソ連はこれにより日本の北進を防ぎ、イギリスはアメリカの参戦を誘い、欧州の対独戦争にこれを利用したのでした。そして、イギリスもアメリカもフランスも、中国大陸からさっさと巧みに逃げ出してしまいました。

日本がうまく逃げられなかった政治家たちの拙《つたな》い外交、ちぐはぐな政治と軍事の関係等について、もとより半藤さんと見解を共にするところは多々あります。しかし、その原因の一つに、日本が大陸を善導しようとした道義的介入の理想という側面もあったことを見落としてはなりません。ヨーロッパと違ったアメリカの二十世紀の不可解な、計算外の、理窟に合わない異常行動もあります。

なぜアメリカは日本と戦争したのでしょうか。日本の大陸での努力を不必要に妨害したのはなぜでしょうか。もしアメリカに大陸にこだわる理由や目的があったのなら、なぜ国民党を見捨てて、毛沢東にすべてをくれてやるようなばかな不始末をしでかしたのでしょうか。

日本がなぜアメリカと戦争したかというよりも、もっと大きな謎です。日本はアメリカとの戦争を自ら望んでしたのでは全くありませんが、アメリカは自ら望んで日本と戦争をしたからです。ヨーロッパ戦線でアメリカは助っ人でしたが、太平洋戦線ではイギリスを守る助っ人の枠をあっという間に超えて、正面の敵となりました。それがすべてを語っています。半藤さんは、アメリカが悪いとほんの少しでも思ったことはないのでしょうか。

侵略戦争に不向きな日本の国柄

福地　前半部の最後に、半藤さんの国際的視野の狭窄《きょうさく》について補足したいと思います。

思うに、我が日本は、狂暴な、あるいは狡猾な侵略戦争には不向きな国柄です。十七世紀から十九世紀という期間を見るだけでも、欧米世界では侵略戦争、内乱、革命、暴動、暗殺事件がいかに絶え間なく打ち続いたかは驚くほどです。彼らが戦争で獲得した富は膨大で、植民地は広大です。

目を我が国に転ずると、一六〇〇（慶長五）年の関ヶ原の戦いから一八五三（嘉永六）年の「黒船の襲来」までのおよそ二百五十余年間、安定した政治と人間味ある文化、穏やかな経済発展と秩序だった社会環境による「天下泰平の時代」が続き、外国への侵略などはもちろん、他国への威圧や嫌がらせすら皆無に近かったのです。まさに彼我《ひが》好対照です。

だが十九世紀中葉になると、国際政治力学に促されて我が国は開国させられ、国家の欧米化を推進しました。これは驚異的に進展しました。我が先達の努力はもちろんですが、国際政治、軍事環境の幸運もありました。黒船襲来、クリミア戦争（一八五三～五六）から日露戦争（一九〇四～〇五）までのおよそ半世紀間は、清仏戦争、日清戦争、三国干渉が起きましたが、国際政治、軍事的な観点からは、東アジアは英露の直接的激突は起こり難い小康状態の時期に当たります。ただし、英国はロシアの南下を警戒していますから、日本を「小強国」に育成して、ロシアの南下阻止に利用する魂胆だったと、私は見ます。

「光栄ある孤立」を自ら脱し、我が国を煽《おだ》てて、一九〇二（明治三十五）年一月に「日英同盟」が成立しました。外交史家は言いませんが、英国東亜政略の魂胆の発露と見るべきでしょう。かくして、日露戦争と相なります。小国日本の年間国家予算規模を超える戦費融資をしてくれたのは、英米の銀行家たち、特にクーン・ローブ商会のジェイコブ・シフです。このシフの連累《れんるい》が、ロシアの革命勢力に巨額資金を提供していたのも知る人ぞ知る歴史の事実です。

しかるに、日露戦争の勝利で、日本が国力を増進する気配を示した時、英米は対日方針を変更していきます。日露戦争以降、世界は大きな動乱の時代に突入したのです。ロシア帝国を混乱から崩壊へと導く工作が、英米からロシアに放たれます。

と同時に、日本の成長を圧伏しようとする対日政策への変更も進むのです。例えば、日英同盟条約の改定は、英国のアジア支配に日本が応援する義務を課しています。米国は、海軍の対日戦略、例の「オレンジ・プラン」の策定に入り、ホワイト・フリートの日本寄港で砲艦外交の威圧を試みました。それは一九〇七（明治四〇）年のことで、一九〇六年にはカリフォルニア州サンフランシスコで日本人移民威圧事件が起こり、その後、日本人排斥運動が打ち続く嫌な状態でした。

シナ統一の手段として「反日」が使われた

一九一一（明治四十四）年、中国に辛亥革命が起き、外圧で満身創痍《まんしんそうい》だった清帝国は崩壊します。帝政国家から共和制国家への発展と、歴史学者の多くはのほほんと理解しますが、本質的にはイギリス帝国が中国の国家、社会を混乱させ衰退させた結果が、辛亥革命と理解できます。したがって、中国全土は分裂、混乱の巷となります。

我が日本国のみが、アジアで唯一安定した近代国家に成長しつつあったのですが、一衣帯水《いちいたいすい》の中国大陸には、分裂と混乱に苦しむ中国民族が存在します。我が国はどうすべきだったのでしょうか。

さらに、第一次世界大戦（一九一四〜一八）、ロシア革命（一九一七）で世界は「革新」の時代に突入しますが、欧米のメディアは、民主主義の発達、国際協調気運の前進、軍縮の時代と国際世論をもり立てます。そして、混乱する中国に「統一」の手段としての「抗日・反日」

運動の種を撒いたのはいったい誰だったのか。英米仏、およびソ連から発動されたことを我々は確認しなくてはなりません。

世界の「革新」機運の流れで、新しい思想が怒濤のごとく押し寄せてきました。自由主義と民主主義の思想に基づく国際協調主義が、一つの大きな流れです。それは秘密外交廃止、航海の自由、自由貿易、軍縮、民族自決の原則による植民地問題の公正な処理、ロシア共産革命の容認、ポーランド回廊の国際的承認等々が内容でして、欧州大戦に参戦して連合国を勝利に導いた米国大統領ウッドロー・ウィルソンの「十四カ条平和構想」です。

ウィルソンが発議して、我が国も参加した国際連盟がそれを推進する母体と想定されていました。いかにも綺麗な理想主義です。我が国の知識階級層は、表面上の理想を文字通りに納得して、民主主義、国際主義、軍縮がこれからの国際社会の主流だと理解したようです。

それとは別に、社会主義や共産主義の思想の奔流です。共産革命運動を推進するソ連・コミンテルンがその司令塔です。国際連合創設に象徴された国際主義とソ連の共産革命運動の共通点を大胆に指摘すれば、英米ソ以外の「強力国家」の分解、解体、世界政府の樹立です。

かくして、欧米世界に起こっている「革新」の奔流は、当然のこと我が国、そして隣の中国大陸に波及します。国際協調主義の理想の裏には、誰かの利益のための策謀は皆無だったのか。そんなはずはなかったのです。情報戦、思想戦の謀略が罷り通るのがこの時代の特色です。したがって、我が国においてもこの革新の思潮が複雑に絡み合って、政治も社会も経済も次第に混乱し、昭和の政治動乱の時代を迎えるわけです。

半藤さんは、国際協調派を「善」、懐疑派を「悪」と捉えます。果たして、それで歴史を公正に理解することができるのでしょうか。

ウォールストリートがロシア革命を支援

西尾　日露戦争後のアメリカの対日政策の急転回、日本仮想敵国視の始まりは重い問題でした。この点に関して、柏原さんお願いします。

柏原　アメリカの二十世紀（戦間期）における不可思議な対応に対して、言及したいと思います。まずアメリカとロシアとの関係を見る必要があります。

当時は、コミンテルンの勢いが猛威をふるっていました。それが西側諸国に大きな影響力を誇っていたことはご承知のとおりです。特にドイツです。ドイツは常に革命が起こる中心地と目されており、それ以外にフランスなどに大きな影響力をふるっていました。

例えば、フランスであれば三〇年代の空軍大臣にピエール・コーがいるんですが、コーは共産主義者でした。ことほどさように、西側諸国への共産主義者の浸透は著しかったわけです。

ここで強調したいのは、アメリカに対する共産主義勢力の浸透が早い段階から始まっていたということです。実際には一九一七（大正六）年のロシア革命と同時期、かなり早い段階から進んでいた。この時期から、ニューヨークのウォールストリートの支援のもとに、ソビエトの情報活動が始まっていました。

例えば、ソ連の政治家トロツキーはロシア革命勃発時にはどこにいたか。ニューヨークだったんです。ニューヨークで本当はお金も何もないはずなのに、かなり豪勢な生活を送っていたことが知られています。しかも革命勃発後、本国に帰国する際には一万ドルの資金を手にしていたことが明らかになっています。ウォールストリートの中にロシア革命を支援する者がいたということは、アンソニー・サットンの『ウォール街とボルシェビキ革命』という本にも詳細に書かれています。

西尾　ロシア革命を支援する金融資本家がいたということですね。

柏原　そうです。それで活動が始まるわけですが、問題は、なぜウォールストリートがロシア革命を支援したのか、ということです。

当時、ロシアはフランスの主要な資本輸出先でした。それは露仏同盟の効果です。したがって、ロシアに革命が起きるということは、アメリカやあるいはイギリスのシティの資本家にとっては、一つのビジネスチャンスだったんです。

一見険悪な米ソが経済面では蜜月関係にあった

西尾　資本家は、金になれば何にでも見境なく群がるんですね。フランスはどうしたんですか？

柏原　フランスにとっては、ロシアにおける既得権益が脅かされることになります。ロシア革命は既存の利権構造を消滅させてしまいました。そこに、西側の多くの企業や起業家がつめかけたのです。ただ個々の企業のレベルでは、フランスの企業が英国の企業を出し抜くという事例も見られましたので、フランスだけが馬鹿を見たというわけではありませんでした。

表向きは、イギリス政府もアメリカ政府もロシア革命には強硬な対応をとっていました。その一方で、アメリカのＧＥ（ゼネラル・エレクトリック社）といった大企業から、アーマンド・ハマーといった共産主義者のベンチャー企業家までがソ連政府と個々に契約を結び、そこから利益を受けていたんです。

米政府内部でも、ロシアの革命政権に否定的な国務省と、積極的に対ソ貿易を促進しようとする商務省との間で矛盾した対応が見られました。

一見険悪な当時の米ソ関係は、経済面からすれば、外見とは逆に蜜月だったのです。それがまず第一点です。

西尾　中国大陸で国民党政権を応援すると称しながら毛沢東に領土を明け渡したり、東ヨーロッパで第二次大戦直後ほとんどアメリカが占領しておきながらソ連に明け渡したりしたことも、柏原さんがおっしゃるアメリカ中枢における共産主義勢力への甘い期待や協力意思があってのことで、それが後の時代にも遠く働いたということですか。

柏原　ここで私が念頭に置いているのは、戦間期ですね。ですから、ここでの議論は大恐慌前後の時期です。かつて、「共産主義とは何か？　それは電化である」というスローガンがありました。実際には、電化を担っていたのはアメリカやドイツの企業だったんです。

西尾　シベリア出兵に対して、アメリカが日本の軍隊よりも赤軍のほうに好意的だったという背景もそのあたりにあるのでしょうか。

柏原　シベリアには、アメリカの企業に多くの利権が用意されていました。アメリカ側に鉱山資源の開発権を認めたのは、実際上はソビエトの国家承認のための賄賂《わいろ》でした。

スターリンの五カ年計画に資金提供したのは西側企業

西尾　では、他に後代のどんなところに影響が出てくるのでしょうか。

柏原　表面的な対立とは裏腹に、実務ベースでの経済関係の深化によって、アメリカの中の反共勢力（国務省・ＦＢＩ）が容共勢力（商務省・企業）に押されていくわけです。ルーズベルト政権での国交回復は、一つのピークでした。これ以降、ソ連の影響力が加速度をつけてアメリカに浸透していくことになります。

ですから、昭和史の議論をする際には、日本だけではなく日本の背後にいた国々やその経済関係に着目する必要があるのです。

福地　スターリンの五カ年計画は、日本の政治家や軍人たちに相当な威圧を与えました。誰がスターリンに資金提供をしたのか。ソ連は自力ではできないはずなんです。柏原さんどうですか。

柏原　そうです。ノーマン・サウルの『友人か敵か』等の研究書からもわかるように、第一次五カ年計画には多くの西側企業が関わっていました。現実には、西側の技術や資本に依拠していた五カ年計画を、我々は共産主義の偉大さと誤解してきたのです。ですから日本の政治家が悪かったのではなく、背後に経済的な利益目的から悪魔とでも手を結ぶ勢力があったのです。そこが本当は問われなければならないところです。

西尾　日本にもそのような勢力がいたのですか。

柏原　その代理人はいました。

福地　はっきり確認されているのは、ゾルゲとつるんだ尾崎秀実《ほつみ》ですね。近衛のブレーンとして、経済もかなり牛耳《ぎゅうじ》ります。

福井　今の柏原さんの説は斬新ですね。一九二〇年代から三〇年代の革命後のソ連は、鉄のカーテンで孤軍奮闘だったと思われていますが、西側から企業グループが入り、ビジネスを行っていたんですね。

柏原　一つの例を挙げると、自動車会社のフォードは戦間期にロシアに工場を作っており、その際にはアメリカ人がソ連に移住しているんです。戦後、日本が北朝鮮を理想の国として帰還運動をしたように。

西尾　いかに共産主義への幻想があったかということですね。

柏原　そうです。冷戦に入り米ソ間があやしくなると、彼らはパスポートも取り上げられた。ソ連に対して、棄民のような扱いとして残る。

西尾　アメリカ政府が棄民としたわけですね。どのぐらいの数ですか。

柏原　一万人以上といわれています。

西尾　収容所群島という奴隷労働といわれるものがありますが、それとアメリカの棄民がどう繋がっているんですか。

柏原　彼らは三〇年代初頭、ソビエトで大歓迎を受けるのです。しかし、スターリンの大粛清によって収容所送りになってしまう。ルーズベルト政権の下《もと》で国交も確立されるのですが、彼らのことは忘れ去られるのです。冷戦の背後に隠れた悲劇ですね。

ついでに、ドイツとソビエトの関係をご紹介します。一九二二（大正十一）年、ドイツとソ連の関係でもラッパロ秘密協定が結ばれていました。これは一応軍事的な協定で、ドイツ軍の軍人がソ連共産軍の訓練を肩代わりする代わりに、ソ連側が実験施設等を提供するという協定です。ただ、関係は軍だけには留まらず、ドイツの財界、ドイツの軍事産業といってもいいですが、軍事産業といった財界がそこで利益を得ようとしたのです。

西尾　ラッパロ秘密協定は、ドイツが英仏によって忌避されたために、ソ連と結んだ協定でしたね。

柏原　当時、ドイツとしては進出の余地がある場所であれば、どこにでも出ていくという勢いでした。それで、ロシアの革命政権とも親密な関係を築いており、コミンテルンの一大拠点ともなり得たのです。

西尾　日本はぼんやりと、イギリスとだけ付き合っていたわけですか。共産主義のイデオロギーがドイツ中枢に入っていたというのに。

柏原　ドイツとソ連の壁はなかったわけです。

ドイツの経済的成功に対するルーズベルトの焦り

福地　先ほどの西尾先生のお話ですが、アメリカという言葉を使うよりも、具体的に戦争の時代になるとルーズベルトという男が大統領としてアメリカを代表するわけですが、国民は全然違った考えをしていた。

柏原　当時の米ソの経済関係を媒介していたのは、多くのフロント企業でした。有名なところだと、アムトルグが知られています。

これは通商機関であり、貿易会社でした。ソビエトはこのアムトルグを根城にして、情報活動を行っていたのです。ほかにも、ソビエトの息のかかったフロント企業は世界中に分布していましたから、コミンテルンなどの共産主義活動は、経済のネットワークに依拠して世界中と結びついていたわけです。

二点目に、当時のアメリカを考える上で重要なことは、アメリカとイギリスの関係です。その前提となるのがルーズベルトの失敗です。アメリカのルーズベルト大統領が二期目に入ってもニューディール政策は一向に機能せず、むしろ、当時ナチスが政権をとっていたドイツのほうが経済政策では大成功を収めていた。つまりアメリカの失敗、ドイツの成功といった図式が見えていました。

西尾　それは何年頃ですか。

柏原　三〇年代中盤です。ドイツはアウトバーンをどんどんつくって、大恐慌からいち早く脱しようとしていました。

福地　アメリカ大統領ルーズベルトは、ニューディールに失敗していた。

柏原　ルーズベルトとしては焦りがあったんだろうと思います。このままでは、失敗した大統領として終わるということを考えていたと推測できます。

一方で、当時のイギリスは第二次大戦に突入していました。三九年のドイツのポーランド侵攻に始まり、オランダ、ベルギーを経由してフランスもナチスの手に落ちると、ドイツと直接対決をするという状況に入っていきます。大陸をヒトラーに押さえられたイギリスは、ヨーロッパから孤立していた。当時の首相のチャーチルは、英国存続のためにはアメリカの協力が不可欠だと考えます。

ルーズベルトはもう一期やって、第三期目の大統領に就任してなんとか汚名を晴らす必要がありました。そこで、彼らの交流というものが大きくクローズアップされていくわけです。

ルーズベルトとチャーチルの特殊な関係

西尾　双方の思惑が重なり合っていたわけですね。

柏原　そこで設立されたのが、カナダ人のビジネスマンであるスティーブンソンがトップのＢＳＣ（イギリス安全保障調整局）です。ＢＳＣはイギリスのアメリカにおける情報機関で、ルーズベルト三選を成功させるため、そして第一次大戦以降、参戦に反対してきたアメリカの世論を変えるべく行動していきます。

アメリカの孤立主義を主張する者に対して悪質な中傷を流し、世論調査を改竄《かいざん》し、究極的にはアメリカの大統領選に介入していくわけです。有名な例として知られていますが、民主党に属していたウェンデル・ルイス・ウィルキーを共和党から擁立させ、党大会でアメリカを戦争に巻き込まないため尽力した共和党のフーバー大統領への妨害工作をした。

その代償として、レンドリース法（武器貸与法）を使って、イギリスに対しては積極的に武器の援助を図っていくプロセスがありました。ですから、米英の特殊な関係とよく言われますが、ルーズベルトとチャーチルの「特殊な関係」を抜きにして日本の大東亜戦争（太平洋戦争）は記述できないのです。

アメリカの非合理な行動は、確かに日本人の眼から見ると不可思議ですが、アメリカから見ると非常に合理的でした。金儲けをしたいという動機がアメリカにはすごくありますから、蔣介石政府に近づき、武器をせっせと売ったりしたわけです。

西尾　半藤さんの『昭和史』では、まるで日本一国が閉じ込められており、世界史の中では生きていないように感じられます。そして、アメリカが第二次大戦にはなばなしく勝利し、ドイツが没落していったという今日の結論からすべてを導いており、いわば結果論だけの記述です。ところがあの時代を考えてみると、ドイツはアメリカをも凌《しの》ぐ経済成長を遂げ、アメリカは焦っていた。アメリカが勝利を収め、現在のような超大国が出現するなど、確たることは誰にもわからなかった。イギリスも勝利するかどうかはわからなかった。

イギリスは、ヨーロッパから追い落とされるのではないかと思われていた。ドイツに勝つとは考えられていなかったんです。アメリカの行方も不安に蔽《おお》われていた。世界中にソ連に対する幻想もあった。もちろん、アメリカにも。共産主義が没落している今の時点から物事を見ても駄目なんですよね。

ですから、日独伊三国同盟というものを結んだからといって、アメリカと戦争になる愚かな選択だったかどうかなど、その時点ではわからなかったわけですよ。アメリカの参戦意思は突如として起こるわけですから。そしてまた突如として暴力的になるわけで、そのようなことが起こる前の我が国が置かれていた立場ははっきりとは見えなかった。
ナショナル・エコノミー（国民経済）が成功していたのは、日独伊なんですよ。

ノモンハンでの戦闘の真相が明らかになって破綻した半藤史観

西尾　三国が、経済的に結びつく必然性が当然あった。我々は、その時代に即して考えなければならないんです。今の時代の結果から書いたんでは、歴史叙述にならないんですよ。

福井　半藤さんの場合は最初に結論ありきで、自分の思い込みと独断を前提に議論を進めていくため、その後の論理展開が間違った方向にずれてしまっているんです。

典型的な例を一つ挙げると、『ノモンハンの夏』（文春文庫）で犯した誤りを、半藤さんは『昭和史』でそっくりそのまま繰り返しています。まず、半藤さんは『ノモンハンの夏』で徹頭徹尾、日本陸軍の頑迷固陋《がんめいころう》ぶりを強調し、愚かしい組織がいかに滅んでいくかの、絶好の見本として描いています。

ところが、末尾の部分に我々は、思わず「おや」と首をかしげるような意外な記述を発見する。半藤さんは旧ソ連の解体に伴う最新情報公開の資料を借りながら、最終第七章で〈ソ連軍の死傷者も、最近の秘密指定解除によって、惨たる数字が公開されている（中略）全損耗は二ていたのです。ところが、その数字が日本軍の犠牲者の数とほぼ同じなので、ソ連側は合計二万四四九二人となるという。圧倒的な戦力をもちながらソ蒙軍はこれだけの犠牲をださねばならなかった〉と、ソ連のほうが日本よりも多くの犠牲を出したという事実をそっと示唆《しさ》しているんです。

これは全体の末尾の部分にさりげなく挿入されているので、本をほとんど読み終えて頁を閉じかけようとしている読者はその重大性に気づかず、見落としてしまいがちですが、絶対に見過ごすことのできぬ重大なポイントです。

彼が『ノモンハンの夏』を出版したのは、ソ連崩壊後の情報公開で、ノモンハン事件の真相が次々に公開され始めた時期に当たります。おそらく半藤さん自身、この〝小説〟の最終稿を書き終える頃になって、さすがに「私はこの旧ソ連公開の最新情報を知りませんでしたでは済まされなくなる」という危惧の念を抱いたのでしょう。あらかじめ予防線を張っておく意味でも、末尾の部分に目立たぬようにそっとつけ加えたんです。

だが、この記述がいかに重大な爆弾のような意味を秘めているか。彼は自分の作品全体を構成している前提条件が、すべて根底から覆されてしまうことを自ら認めていることになります。

半藤さんは最後の土壇場で、「ノモンハン事件は実は日本軍の勝利でした」と一言だけそっと示唆して、読者にどんでん返しを食わせ、煙に巻いているんです。しかも、それに対する説明は一切なされていない。

半藤さんはこのように、一見面白いストーリーを構成し語っていながら、最も本質的な重要なテーマの部分にさしかかると、うやむやに焦点をぼかして説明を回避してしまう。

そして『昭和史』では、〈ソ連軍も蒙古軍を含めるとたいへんな死傷者を出していて、二万四九九二人といいますから日本よりも多いんです。それで近頃、うわついた評論家など「ノモンハンは日本が勝ったのだ」と言う人が少なくありません。そりゃ死傷者数だけみれば、日本の兵隊さんが本気になってよくぞ戦ったというところもありますが、結果として国境線は相手の言う通りになったのです。（中略）日本軍が勝ったなどとても言えません〉と論じるのですが、これは完全な本末転倒です。

従来、司馬さんや半藤さんの強調したノモンハン論議は、「高度に近代化されたソ連の機械化部隊に対し、貧弱な装備の日本軍が肉弾戦を挑んで、一方的になぶり殺しにされた悲惨な戦闘になった」という、戦術レベルにおける戦闘内容の評価に関するものでした。そして、これは科学技術の軽視と非合理主義が近代日本の悲劇であったとする、司馬・半藤史観の原点でもありました。戦術レベルにおけるノモンハンの戦闘内容の真相が明らかとなった今、半藤史観は完全に破綻しているのです。

結果的に、外交交渉のまずさで相手の要求に押し切られたからといって、それは半藤さんがこれまで展開してきたノモンハン論議の本質とはなんの関係もない。単に、自らの誤りを認めたくないという負け惜しみの言い訳にすぎません。

　多少なりとも歴史の専門知識を持つ者から見れば、そのような語り口の背後に潜む矛盾と落とし穴にすぐ気づく。ところが、一般の読者のほとんどがそこまで注意しながら彼の本を読まないので、まるで落語を聞いているような心地よい、半藤節の語り口にいともやすやすと誘導されてしまうんです。

山本五十六の大罪を無視

福井　もう一つ例を挙げましょう。半藤さんは、山本五十六を徹底的に美化して描いています。劇的な戦死を遂げた悲劇の英雄として描かれ、海軍善玉の象徴的人物にされています。確かに山本五十六は戦争が始まるまでは親米的で、アメリカとの戦争には反対でした。だがこれは山本だけでなく、当時の良識ある日本人なら誰でもそうでした。
　問題は、開戦以降の彼の行動です。海軍が、長年にわたってその頭脳を総力結集して練り上げた漸減邀撃《ぜんげんようげき》作戦を無視し、艦隊決戦にこだわった。そして本来ならば、日本が長期にわたる持久戦法により、優勢のうちに展開することができたはずの日米戦争で、虎の子の連合艦隊主力を一挙に失い、日本を破滅に追いやってしまったんです。

連合艦隊よりも海軍軍令部のほうが立場は上ですが、彼は軍令部の作戦を無視し、自分の辞任をちらつかせて横車を押し通し、おのれの独断で作戦を強行して大敗を喫した。

山本のこのような軍人としての戦略ミスに対してこそ、徹底的な分析と批判のメスを入れねばならぬのに、全く無視されている。このように、いざ肝心要の最も重要な部分にさしかかると、彼の筆は突如として形容詞の美辞麗句が躍りだし、読者はいつのまにか煙に巻かれてしまうのです。『山本五十六』（平凡社）からいくつかの例を挙げましょう。

〈名をも命も惜しまざらなむ〉〈この愚劣きわまる戦いでは名をも捨てた。敗者の矜持《きょうじ》も顧みない〉〈この戦は、俺の流儀で戦ってやる、他の批判も後世の検証も恐れない、という捨て鉢な決意を固めた〉〈山本は敢えてやれといわれるなら〝自分の戦争〟をやるまでだと決心し、それに固執した。大本営が考える〝南方要地を確保して敵の来攻を待つ長期不敗の構想〟など、彼にあっては愚の骨頂なのである〉

まるで、源義経かあるいは赤穂浪士の浪曲をうなっているかのような語り口です。

この結果が、日本にいかなる悲劇を及ぼしたかという点こそ、徹底的に議論され検証されなければならないのに、半藤さんはそれをしない。自分の都合の悪いことになると一切説明を省いて、焦点をうやむやにぼかしてしまうんです。

西尾　山本五十六については、『昭和史』を読んでいても、平和主義者として何度も記述し、海軍の平和への志の高さを述べておきながら、突如として〈山本五十六連合艦隊司令長官が「対米英戦争はもはや避けられないのであろうか。やむを得ん。いざとなったら真珠湾を攻撃しよう」と考え出したのはこの時でした。言い換えれば「いざとなったら伝統の戦術などかなぐり捨てて、俺流の乾坤一擲の戦法でいく」ということです。戦争への道を突き進む海軍中央の動きを止める手段が全くないとみた彼の苦悩の選択ではなかったかと思えないでもありません〉と記述します。

コロッとひっくり返るんですよ。これは、今まで彼が言っていることと正反対の明らかに矛盾した記述です。これじゃあまるで、「さあ見ていらっしゃい、聞いていらっしゃい」という紙芝居屋さんですよ。

福井 それともう一つ半藤さんの特徴を挙げると、彼は世論に非常に敏感であるというのか、アンテナを張りめぐらせて、大勢《たいせい》の変化をキャッチしながら風見鶏のように即座に対応できる人なんです。二〇〇四年に、『中央公論』が「日露戦争百年と司馬遼太郎」という特集を組んだ時も、私は司馬史観徹底批判の立場で執筆しました。

それと相前後して、読売新聞が「司馬史観見なおし」の一大キャンペーンを行い、このような潮流が生じると見るや、彼の論調も微妙に変化するんですね。その直後、半藤さんは雑誌『諸君！』で、司馬史観の中核である乃木希典愚将説に異議をとなえています。世論の変化を意識しての行動です。これは、司馬史観の受け売りに近かったそれまでの半藤さんの立場と明らかに矛盾します。私は、半藤さんの弁明を求める必要があると判断し、二〇〇六年に『中央公論』誌上で半藤さんに公開論戦を申し込んだのですが、案の定、だんまりを決め込まれました。

ソ連侵攻という松岡洋右の合理的な判断

西尾　半藤さんの矛盾した記述について、他の例でも挙げましょう。

米内光政が信頼する部下の高木惣吉の言葉を引用して、〈英国も日英同盟を米国に売ったし、ドイツが防共協定をソ連に売ったからといって、さまで驚くにあたらないであろう。ソ連でもまた独ソ不可侵条約をいつ英米に売らないとは保証できない〉と記述します。

これはそのとおりになりますし、この高木惣吉の考えは卓見であり、当時の国際情勢を冷静に捉えた発言です。したがって、半藤さんも〈これが冷静な見方だと思います。条約なんていうのは、いつだって、まずくなれば売り渡してしまうものであって、これは現代もそう変わらないんですね。国際信義など下手すれば国家的利害のためだけにあるのかもしれません〉と述べています。これは正論なんです。

であるならば、いよいよその時が来て、一九四一（昭和十六）年に日ソ中立条約を締結した松岡洋右外務大臣が、ソ連による独ソ不可侵条約の破棄と、ドイツのソ連侵攻というゆゆしき事態を受けて、大本営政府連絡会議において、〈断固としていま、ソ連を攻撃しよう〉と言ったことについて、〈無責任な外務大臣ですね。いまになるとまことに滑稽としかいいようがない〉と、何のためらいもなく簡単に批判していることは、半藤さんの単なる「松岡憎し、松岡を悪者として描きたい」という、それだけの単純な動機を認めざるを得ません。

福井　断固としてソ連攻撃を主張した松岡の行動は、非常に現実的で合理的な判断でしたね。条約などというものはその場しのぎの単なる時間かせぎで、自国にとって機が有利に熟せばいつでも平然と破り捨てる。これが当時の列強諸国の常識だったのです。ヒトラーもそれを熟知していたからこそ、先手をとってソ連を攻めたのだともいえる。

西尾　松岡は非常にリアルな判断をします。ドイツのソ連侵攻という由々しき事態が発生し、情勢が急変した。その時、松岡大臣は断固として、今ソ連を攻撃しようと言い出した。これは私に言わせれば、正しい判断です。

この段階で反転してソ連を討つ、つまり今までソ連と契約を結んできた松岡が、にもかかわらず、事ここに至ったら今度は米英側に立ちソ連を攻撃していれば、アメリカは対日参戦はもとより、あるいはドイツとも戦争をする口実を失う可能性があったんですよ。

つまり、共産主義を倒すということが英米の最初からの目的にあるわけですから、そうなれば世界の歴史が変わり、共産主義の問題はかたがついて、ソ連包囲網が世界的に敷かれ、日本もその勢いに乗ることが可能だったと松岡は見抜いて、今こそ転じようと言った。しかし、近衛文麿をはじめ当時の政府重鎮には通じなかった。外交戦略としてみれば、松岡の判断は決して間違っていなかったんです。

そこで言いたいのは、半藤さんが高木惣吉の意見に賛同しておきながら、松岡の意見を罵《ののし》ることはおかしいことです。松岡を悪者に描きたかっただけで、その点の矛盾に全く気がついていない。これは歴史を結果から、結果の善悪から描いて、しかもその善悪判断は半藤さんの個人的感情に基づくだけなんです。

戦争がいよいよ近づくとなると、アメリカの対日参戦の意思は強い、例えば……。

福地　満州事変の時のスチムソン・ドクトリンに、強い意思が表れていますよ。あの時すでにアメリカは戦争をやるぞと。ところが、半藤さんはそうではないという解釈をしている。

東条憎しの感情論

西尾　アメリカの意思が非常に強いということでいえば、例えば、天皇に対して杉山参謀総長が、日米関係はと聞かれて、陛下に日米関係は病人に例えると手術をするしかないところにきているると、危険ではあるけれどもそうすれば助かる望みはないわけではない、思い切って手術をしなければならんと存じますと、そう言っている。

これは一九四一（昭和十六）年七月ですね。もうギリギリのところへきてそう言っている。これを、半藤さんは無責任で愚かだというように書いているんですよ。しかし、この時の杉山参謀総長の言っていることは私には当然な表現だと思います。

それから少し経って、東条英機がとてもアメリカが要求するような条件をのむことはできない、これは近衛・ルーズベルト会談をしたいと思いながら松岡が帰ってくるのを待っていたためにチャンスを逸した、というくだりがありますね。そこで、ルーズベルトから頂上会談はできないと断られると近衛内閣は愕然《がくぜん》とするわけですが、ルーズベルトから要求された条件はとても受け入れられるわけにはいかない、中国からの撤兵ですから、そこでこんなものは交渉でも外交でもない、降伏要求ですという言葉がありますね。

読んでいてこれは当然だと思うんですが、半藤さんは、なんて無責任でアホなことを言うと書くわけです。これも東条憎しの感情論です。しかし、歴史の流れから言うと東条英機の言っているとおりなんですよ。

あの時、アメリカの開戦意思は非常に明確で、〈山本は最後の最後まで、交渉の妥結を願っていたのです。しかしながら、ハル国務長官のほうは、返事を引き延ばして、提出された乙案を読みもしない。アメリカ外交の現在にも通じる頑固さです。自分が正しいとして、それを押し通し、柔軟性の「ジュ」の字も示さない〉と、アメリカの明確な意思というものを記述しているんですよ。

それならば、日本側が開戦を強いられたのは仕方がないではないですか。アメリカが悪いんですよ。だとしたら、開戦の責任はアメリカにあり、日本にはないではないですか。それは明らかです。よしんば山本五十六のやり方が酷《ひど》くてもですよ。開戦の意思はアメリカ側にはっきりと最初からあることを、半藤さんは明確に記述しているんです。

アメリカの強大な意思をかなり前からご自分で言っているのに、アメリカの悪ということについては決して見ようとしない。アメリカを運命のごとく、神のごとく見ているんです。神の怒りなんです。半藤さんにとってアメリカは。ですから、私は子供のテレビドラマの「正義の味方・黄金バット」と言ったんです。つまり半藤さんは、アメリカに責任があるということを事実上書いているにもかかわらず、アメリカの「悪」については記述しない。アメリカの強大な意思を見ようとしない。アメリカはすべて「善」、「正義の味方」なのです。

ＧＨＱの宣伝工作に乗せられた歴史観

西尾　皆さんの議論が深まったところで、その点に関連して、別の面からの考えを少し述べさせてもらいたいと思います。

今の時代にはどういうわけだか、「昭和史」というものがはやっていて、半藤さんだけではなく、秦郁彦さんや保阪正康さんや東京大学教授の北岡伸一さん、それに前章で徹底批判した東京大学教授の加藤陽子さんが新たに昭和史を論じていますが、不思議なことに昭和史というと一九二八（昭和三）年から一九四五（昭和二十）年、あるいは一九三一（昭和六）年からの十五年戦争を一つの大きなタイムスパンと捉え、問題を国内的に絞って書くというのが基本的傾向です。

半藤さんの『昭和史』も、一九二八（昭和三）年の張作霖爆殺事件から始まっています。この事件から日本は暗黒時代に入った、そして一九三一（昭和六）年の満州事変から日本は没落したという捉え方です。これは紋切り型で、高校の歴史教科書にも載っており、ありとあらゆる書物にも書かれていますが、完全にＧＨＱの宣伝工作に乗せられている考え方なんです。

一九二八（昭和三）年は不戦条約の年です。不戦条約違反が侵略戦争であるとするニュルンベルク裁判において、ジャクソン検事はドイツを侵略戦争として裁くためにパリ不戦条約を使おうとしました。その方針がそのまま東京裁判のキーナン検事に受け継がれる。ところが今に至るまで、侵略戦争の概念は依然として確定されておらず、パリ不戦条約は長い間侵略戦争の規定に関する、国際法規としてはみなされていませんでした。国家が戦争を起こしても犯罪にはならなかったんですから。

福井　一九二八（昭和三）年のパリ不戦条約では、自衛戦争かどうかは当の国家でしか判断できないとしていますね。

歴史を短く区切る政治的意図

西尾　ニュルンベルク裁判で改めて罪を裁く際、事後法であるということを避けるためにも、パリ不戦条約に違反したことにしたかったんですよ。最初に無理なこじつけがあるわけです。

しかし今に至るまで侵略戦争の規定はできておらず、不戦条約違反が侵略戦争であるとするのは一部の意見にすぎないのですが、にもかかわらず、そのようなものの言い方がニュルンベルク裁判で押し通され、東京裁判に継承されたため、一九二八（昭和三）年の日付が起訴状の基本となっているんです。そこへ、まるで符節を合わせるかのように「昭和史」が張作霖爆殺事件から描かれる。

　これまで皆さんが空間的視野の広がりの必要性を述べられましたが、時間的視野の広がりも必要なんですね。歴史を短く切ることなどできないわけで、歴史を何年から何年までが暗黒時代だったと短く区切るとすれば、そこには政治的意図があります。占領軍が日本史にそれを求めてきたのは東京裁判の要請からくるだけでなく、十六世紀からの西欧のアジア侵略を視野に入れさせないためでもあることをしっかり認識する必要があります。

現代に対する視点の欠如

柏原　半藤さんには、現代に対する視点も欠如しています。半藤さんの書籍に説得力があるところは、現代の政治状況と重なってみえるところでしょう。であるならば、なおさら一層、その現状、現在の日本の状況をどうするのか自分に問いかけながら、過去の問題を見る必要があるんです。そのような視点もないままに、単に過去の日本を断罪しているんです。
西尾　全くそのとおりですね。半藤さんは永井荷風の『断腸亭日乗』の一節を引用して〈日本現代の禍根は政党の腐敗と軍人の過激思想と国民の自覚なき事の三事なり。政党の腐敗も軍人の暴行も、これを要するに一般国民の自覚の乏しきに起因するなり。個人の覚醒せざるがために起ることなり。然《しか》り而《しこう》して個人の覚醒は将来に於いてもこれは到底望むべからざる事なるべし〉と叙述します。

この文章の「軍人」を「マスコミ」に置き換えると、現在の日本の状況にぴったり一致します。永井荷風が生きていれば、今の日本をこのように批判したでしょう。また、この一節をそっくりそのまま「マスコミ」の寵児である半藤さんに差し上げたいですね。このようなことを助長しているのは半藤さんあなたご自身ですよ、と。

さらに半藤さんは、荷風以外にも『昭和史』のむすびの章において、昭和史がどういう教訓を私たちに示したかについて五つの観点を挙げます。

〈第一に国民的熱狂をつくってはいけない。その国民的熱狂に流されてしまってはいけない〉

〈二番目は、最大の危機において日本人は抽象的な観念論を非常に好み、具体的な理性的な方法論をまったく検討しようとしない〉

そのとおりです。半藤さんにそのまま差し上げます。

〈三番目に、日本型のタコツボ社会における小集団主義の弊害がある〉

リベラリズムに流されている大手マスコミにそのまま申し上げます。今の日本のマスコミは、世界から見ると全体がタコツボです。

〈四番目に、（中略）国際社会のなかの日本の位置づけを客観的に把握していなかった〉

半藤さん、あなたこそ客観的に把握してくださいとお返しします。

〈五番目として、何かことが起こった時に、対症療法的な、すぐに成果を求める短兵急な発想〉

今の民主党政権がやっていることです。

半藤さんは確か「九条の会」でしたね。特定のイデオロギーで戦争や平和の歴史をお話しになるのは、決して日本のためにも平和のためにもなりません。

第5章

北岡伸一『日中歴史共同研究』は国辱ハレンチの報告書

一千ページに及ぶ報告書の中身

西尾　「日中歴史共同研究」は二〇一〇年一月にその報告書が発表されてから、各方面で論評されましたが、徹底した分析解明はまだなされていないように思います。私たち四人も当然重大な関心を寄せてきました。一月に出たのは日本側の報告書だけで、資料が不十分なので困惑もしていました。

するとようやく九月に中国側の報告書の翻訳が出されました。日中合わせて一千ページ以上に及ぶずしりと重い報告書で、通読するだけでも容易でありませんが、私たちは各自、座右に備え、ともあれ集中的に勉強しました。

日中両方合わせ、報告書の執筆者は三十九人をも数えます。ここでの私たちの討議が散漫になる恐れがありますので、まず日本側研究者に絞ってその報告内容を取り上げ、次に中国側研究者の報告内容を吟味するとともに、対応する日本側の発言を再度取り上げ、テーマごとに日中を比較し、検討を加えるという方式で臨みたいと思います。

報告書の全体は古代・中近世史と近現代史の二つに分かれています。「現代史研究会」の我々四人のここでの課題は後者に絞られますが、私個人は前者も拝読し、日本側研究者の報告文は大変よく書かれた、レベルの高い内容のものが多いとわかり、敬意を表したいと思います。

とりわけ、遣唐使とその停止をめぐる日本側の認識の変化を語った古瀬奈津子さん、前近代の日本の貨幣史をまとめた桜井英治さん、荻生徂徠《おぎゅうそらい》と本居宣長が表と裏のような関係になる江戸の思想の逆説を扱った小島康敬さんのものなど、どれもバランスがよく、感銘を受けました。

ことに素晴らしかったのは、菊池秀明さんの日中の政治と社会の「構造」比較論です。日中は全く別の構造を持った異なる文明であるという明確な自覚に立って、皇帝と天皇、科挙と武士、均等相続と長子相続などの相違点を新しい目で洗い出しています。この比較の方法意識が大切なのです。比較は相対化された認識の目を磨きます。日中どちらの文明も独自であって、どちらかが優位ということはないからです。

同報告書の古代・中近世史の論文の中にも、このことがわかっていなくて、より古い文字記録、より古い歴史書が日本史をすべて支配し、文明のすべての決定権を握っているかのような論じ方をしている頭の硬い文章もありました。小島毅さんの「思想、宗教の伝播《でんぱ》と変容」がそれです。

福地　全部がレベルが高いわけではありませんね。

西尾　戦前までの日本人はひたすら西洋を優位に置いていました。中国人に対しては同情的でした。中国は救済しなければいけないという使命感さえありました。しかし、近代日本を優位に置いた当時のこの一方的な意識も、日本と中国のどちらもが独自だという相対化された認識には立ってはいませんでした。

そして、戦後はそれがひっくり返って、ことに古代史は圧倒的に中国文明優位論で、古代日本は古代中国の属国のように扱われてきました。

福地　歴史学会における古代史の扱いのこの歪《ゆが》みは、今回の論文の中では小島毅氏のものに表れていますが、近現代史全体の歪みと真っ直ぐに繋がっているように思えてなりません。

「合意に達するなど最初から無理」

西尾　さて、今回の日本歴史共同研究について、日本側座長の北岡伸一さんが『外交フォーラム』（二〇一〇年四月）で成果を振り返る一文を発表しています。また、五月十二日に日本国際フォーラム会議室で北岡さんを囲む報告会が出席者二十八名で催され、私は文章をよく拝読した上で同会に出席し、そこで一度だけ発言する機会を与えられて、質問もさせていただきました。
直《じか》に目の前で座長のお話を伺ったおかげで、中国側がしきりに公的発表を避けようとしたり、機会あるごとに自国政府公式見解を主張しようとするなどルール破りを繰り返す等のいやな目にあい、当事者のご苦労は確かによくわかりました。
なぜそんなムリまでして共同研究をする必要があるのか、私はよくわかりませんでしたが、北岡さんの動機というか使命感というのは、世界中あちこちで中国人外交官が日本の非難を言って回っていて、外交的に日本は損をしている。少しでもそれをなくすためにお役に立ちたい。言論の自由のない中国の歴史家と少しでも共通の場を作り、こちらも妥協し、相手にも妥協させ、固い口を割らせるポイントを稼ぎたいのだというのです。
彼はこう書いています。
〈合意に達することなど最初から無理であることはわかっている（中略）とくに中国国民に対し、中国の公的な見解以外の立場がありうることを示すことができるというのが、われわれの狙いであった〉（引用はすべて『外交フォーラム』）
どうせ「両論併記」だろう、といわれることに対し、〈異なる解釈を併記できること自体が重要な進展なのであり、依然として残る差異にもかかわらず、お互いがある程度の共通認識を持つことが可能であることを確認することもできたということを、あらかじめ強調しておきたい〉
必死に何かを守ろうとする中国側はこう言います。
〈学者の間では双方の見解に違いがあることは理解できるが、一般国民には十分理解できず、ネガティブな反応が予想される。差異が目立つことは避けたい〉としきりに言うのに対し、北岡さんは〈差異を明らかにすることは共同研究の目的の一つであった〉と何のよどみもなくはっきり言っているのです。

この言《げん》や良し、と私も思います。本当に、相手に遠慮せずに本気で日本側が自説を主張して、相手も正反対のことを語って「差異」を明らかにするのなら、それも一つの態度といえるでしょう。

福井　しかし、この「日中歴史共同研究」が果たしてそうなっているか、それが甚《はなは》だ疑問です。

外交のために歴史を売る

西尾　日本で通説となっている見地も枉《ま》げて、相手に妥協して、日本の歴史学者が外交のためと称して歴史を売るようなことをしていないか。それを我々はこれから検討しようというわけです。

それから、北岡さんは「侵略」について、きわめて断定的で重大な、次のような発言をしています。少し長いのですが、非常に重要な箇所ですので引用します。

〈第一に、日本が中国に対して侵略戦争をしたことを認めることについて、多くの批判が寄せられた。これは私にとってまったく受け入れられない批判である。日本が侵略したのは明らかな事実だと考えている。これは、共同研究の成果でも何でもなく、以前から考えていることである（例えば、『日本の近代５　政党から軍部へ』中央公論新社、一九九九年）。私だけではない。日本の歴史学者で日本が中国に侵略をしていないという人はほとんどいないと思う。

一部に、侵略の定義が決まったのは比較的近年のことであり、それまでは侵略の範囲というのは明白でなかったので、当時の日本の行為は侵略とはいえない、という人がいる。しかし、侵略の定義の決定に時間がかかったのは、侵略と非侵略との間に微妙な部分があり、その境界を決めるのに時間がかかったからである。満州事変以後の日本の行動は、そのようなグレーゾーンの問題ではなく、いかなる定義になっても明らかに侵略と判断される事案である。それに国際法の議論がどうあろうが、歴史学で見れば、これは明らかに侵略なのである。

また最近は、満州事変を侵略でないと言ったり、張作霖爆殺はコミンテルンによる陰謀だということを言ったりする人がいる。張作霖爆殺についてはまったくの偽情報である。満州事変についても、日本の合法権益に対する中国側の侵犯があったからだと言う人がいるが、物事には均衡性の原則というものがあって、中国側の条約違反によって、日本の領土の一・五倍もある地域を占領してしまうような大規模な行動を正当化することは到底できない。

また日本が長年満州に権益を保持していたという主張も、正確に見ていく必要がある。日本の権益として国際的に広くかつ確実に承認されていたのは、満鉄周辺の比較的限られた地域であり、それを越える部分については、かなりあいまいな根拠しかなかった。ましてや満州事変によって獲得した北満州は、それまで日本が何の権益も要求したことのない地域である。こういう基本的な事実を理解せずに「満州事変は侵略ではない」などと言う人がいることは、歴史を教える者としてははなはだ情けないと思う〉

先ほど、北岡さんは中国側との見解の「差異」を互いに明らかにしたいと言っていましたが、北岡さんは最初からこの点で中国側との間に「差異」は何もないと言っているに等しいのです。しきりに「歴史学者」の優位を仰《おっしゃ》います。報告会でも、南京虐殺はないと言っている「歴史学者」は一人しかいないと多数優位を語っていました。しかし、歴史学者が歴史を真に知っているという論証を先にしていただかなくてはなりません。

宗教学者が宗教を真に知っていると必ずしもいえないということはおわかりですね。中国侵略説はGHQが決めた戦勝国のドグマ（教義）に始まっているので、信仰に似ているのです。先ほど述べた古代史学者の、中国の古い文字記録、古い歴史書によって日本史は一切支配されているといった観念が信仰であるのと同じことです。

北岡さんは戦勝国アメリカの歴史観に洗脳され、ルーズベルト＝蔣介石握手時代の正義の観念で戦前の日本を見ていることは、ご紹介くださった『日本の近代5　政党から軍部へ』を拝見するとよくわかります。ひたひたと迫る列強の圧力に反応していた昭和十年代の日本人の書いた本を少し丁寧にお読みになると、マインド・コントロールが解けるかもしれません。いつもそう思って拝読しています。

日本は中国を含めアジアのどの国も侵略していない

北岡さんは、満州が漢民族の領土（中国）だと思っているのが不思議でなりません。〈日本の領土の一・五倍もある地域を占領してしまうような大規模な行動を正当化することは到底できない〉とか、「北満州」は〈国際的に広くかつ確実に承認されていた〉土地ではなかったとか、まるで縄張りを広げた暴力団を取り締まる警察みたいな言い方ですが、歴史を知らないにもほどがあります。

最近、関岡英之氏が『帝国陸軍　見果てぬ「防共回廊」』（祥伝社）という戦前日本のユーラシア戦略を語った力作を出されました。その本の帯には「満洲―モンゴル―ウィグル　親日国家群を樹立せよ」とあるように、大陸を走り回った当時の日本人の血のにじむ努力が、ソ連の南下による赤化防止の対策であったことを赤裸々に物語っています。

日本は侵略戦争をしていません。先の大戦は日本が始めた戦争ではないことを肝に銘じてほしいのです。

日本人は真実を知っておく必要があります。あくまで欧米列強によるアジアに対する一連の、かつ長期にわたる巨大な侵略戦争が先にあって、日本はその脅威に対抗し、防衛出動している間に、地球の裏側にまで手を伸ばしてきたソ連や英米仏独蘭の謀略に巻き込まれたにすぎないのです。

日本は中国大陸を含め、アジアのどの国も侵略していません。侵略の概念と防衛の概念は複雑に重なっていて、もしも日本が防衛しなかったら、中国の三分の一と朝鮮半島はロシア領になっていたでしょう。

戦争の時代には、強国の国境線は自国の外に引かれるのが常であります。アメリカの太平洋における現在の国境線は、日本列島から台湾へかけてのラインです。戦争直後にはアチソン・ラインといわれていましたね。沖縄の基地がいまだにアメリカにとって重大なのは、太平洋戦争が潜在的に続いている証拠なんですよ。だとしたら、「北満州」に当時日本の潜在的な国境線があったとしてもなんの不思議がありましょう。

私は二〇一〇年五月十二日に開催された先の報告会で、一つだけ質問しました。

「イギリス、フランス、ロシア、アメリカのアジア侵略が先にあり、それに対抗すべく日本が起ち上がったプロセスの中で満州事変もあり、シナ事変も起こりました。欧米の大きな侵略への防衛のために、日本が小さな侵略もした、そう定義を明確にした上でこの語を使うのならまだわかりますが、中国との共同討議の場でそのようなスタンスで語ってくださったのですか。防衛と侵略の概念は複雑に重なっていて、一筋縄ではいきませんよ。今の中国の領土をロシアやイギリスから守ったのも、今の中国や韓国が近頃やっと興隆し始めているのも、すべて大東亜戦争のおかげではありませんか」

私は外務省関係者の多いあの会議の席で、はっきりそう申しましたね。

あなたはすると、「だからといって、日本が対中全面戦争を回避できなかったというのはおかしい」というようなことをボソボソと呟《つぶや》くようにおっしゃって、あまりはっきりさせず、よく応答してはくださいませんでした。

侵略の概念については、まだまだ申し上げたいことが多々ありますので次の発言に回しますが、今私が申し上げたようなことを頭から考慮の外に置いて、侵略に関して中国側と見解の「差異」はないと合意するとしたら、それは戦争の歴史を語り合っているのではなく、おままごとをしているようなことだと私には思えてなりません。

尖閣事件と同様の錯覚

柏原　北岡さんが執筆された「第一部第一章　近代日中関係の発端」の部分を読みますと、おそらくは故意なのでしょうが、不平等条約に関する言及がほとんど見あたりません。日本の明治以降の近代史を考えるならば、不平等条約の改正という問題が内政でも外交でも高い優先度を占めていたと思うのですが、なぜか言及がないのです。

そして、日中間の問題でも日清通商航海条約に対する言及が見られません。一九三〇年代の日中関係の問題は、二〇年代に不平等条約の改正として準備されていました。日本は列強諸国と粘り強く交渉し、不平等条約の撤回に成功しました。それに対して、中国側の政権による、自己主張だけを押し通す条約改正要求が、すべてのバランスを崩す原因となった。なぜ、取り上げるべき主題を避けるのか、その理由がわかりません。

福地　日本は毅然とした立派な姿勢を崩しませんでした。

柏原　不平等条約の話題を出してしまえば、日本と中国がともに列強に膝を屈していることが明らかになるからではないでしょうか。すると、北岡さんの「日本悪かった」史観とは著しく矛盾してしまうのです。アメリカやイギリスの悪口は言いたくないのかなあ、というのが私の一般的な印象です。

福井　北岡さんは〈われわれは、日本は侵略した、というところから出発しています。誤った戦争をして、不必要に多くの中国人に被害を与えた、ということです。国際法上の議論は別にして、歴史学で見れば、明らかな侵略です。南京虐殺でも多くの中国人が日本軍によって殺害されたのも事実で、認めるところから入って行きました〉（公明文化協会主催「『日中歴史共同研究』を振り返る」）と発言しています。

さらに、北岡さんは「パラレルヒストリー」という表現を用いて〈日中双方の相容れない歴史解釈を両論併記することにより、日本が優位に立った〉（『読売新聞』二〇一〇年四月十八日朝刊「地球を読む」）と指摘します。すなわち、今回の「日中歴史共同研究」で日本が自らの侵略を認めることによって、これまで日本は十分な自己反省も謝罪もしなかったという中国側の批判を封じ込めることができる。それによって攻守は逆転し、中国側は受け身に立つという奇妙な論説を展開するのです。

北岡さんは日本が自ら侵略国家であると深く認めれば、中国はそれを高く評価してくれて、彼らが従来から主張してきた「南京三十万人虐殺」や「中国人民三千万人虐殺」を修正し、日本にすり寄ってくるとでも思っているのでしょうか。

西尾　とんでもない錯覚です。尖閣事件で、船長を釈放すれば中国は許してくれると思ってひたすら下手に出た菅・仙谷両氏と同じですね。

福井　日本が自ら侵略国であると認めたことによって、中国はさらに居丈高になって日本を責め立て、日本にさらなる謝罪を要求してくる。

日本は台湾・朝鮮・満州を統治経営するにあたって、欧米の植民地支配から見れば信じられないほど寛大な同化政策をとり、日本からの財政持ち出しになりながらもこれらの地域を開発しました。ところが、この日本の朝鮮統治に関しても北岡さんはこう述べます。

〈「日本統治時代は発展」と認める発言をした研究者の多くはアメリカで経済史を学んできた人です。経済学では客観的な指標で物事を判断します。一番単純な指標は、日本の統治下で人口が増えていたということです。ただし、右よりの人にはいうのですが、少々恩恵を蒙っても自由を剝奪されて嬉しいはずはありません。韓国の人の気持ちも分かるでしょう〉（公明文化協会主催「『日中歴史共同研究』を振り返る」）。

このような「日本は良いこともした」が、悪いこともした」という発想はもういい加減に卒業しようではありませんか。

確かに、朝鮮が日本に併合されたのは、彼らが自ら望んだ結果ではなかったかもしれません。しかし、帝国主義が角逐《かくちく》する草刈り場であった当時の極東においては、自立自存する能力のない国家にとって、いかなる選択の余地もなかった。日本に併合されなければ、朝鮮はロシアか清朝に併合されていたことでしょう。

自国の歩んできた歴史を堂々と主張できる勇気を、今の日本人はなぜ持てないのか。近隣諸国から強く主張されるとすぐ沈黙し、明らかに言いがかりとしか思えない理不尽な要求もすぐ呑んでしまう。このような日本の外交姿勢は、今回の「日中歴史共同研究」における北岡さんの言動と根底で繋がっているのです。

政治の下僕に成り下がる

福地　研究報告書の序文には、この共同研究の目的を〈日中国交正常化以来の日中間の戦争の歴史認識に関する基本精神を堅持し、（中略）共同研究を通して両国民の関係改善を促し、未来に向かうこと〉としています。

共同研究の成果報告では、一九四五（昭和二十）年以降の分野は、中国側の強い要請で非公開とされました。北岡さんは、共同研究の進行の最後の段階にきて中国側が報告の非公開を必死に求めてきたと報告し、多摩大学大学院客員教授の歌川令三さんは、そのことをもって〈中国が史観論争で敗北したことを意味するのではないでしょうか〉（公明文化協会主催「『日中歴史共同研究』を振り返る」）と自慢げに述べていますが、そんなに甘い考え方で良いのでしょうか。

そもそも、複数の国々が歴史をともに語りあうことは悪いことではありません。しかし、歴史的事実関係の相互理解ですら難しく、さらに歴史解釈・評価のレベルまで認識を近づけることは甚だしく困難です。互いの歴史認識や利害にはいつも対立が存在します。

報告書は両論併記を強調しますが、〈日中国交正常化以来の日中間の戦争の歴史認識に関する基本精神を堅持〉という共同研究の大前提が、最大の曲者《くせもの》です。客観的理解を深めれば深めるほど、相互の理解は懸隔《けんかく》する日中の歴史において、戦争評価は政治的文章で確定しているという。つまり、この「共同研究」は、日本側から見ればすでに固められた不利な前提から始まる研究であって、成果は初めから望めません。

西尾　戦勝国の作った土俵にのって相撲をとろうとしても相撲になりません。自分で新しい土俵を作らなければ駄目なのです。

福地　さらに、北岡さんが執筆した報告書の「近現代史総論」には、〈大部分の歴史の事実については、双方の研究者の理解と認識は同じか、あるいは近いものであり、（中略）日本の加害者としての責任を否定してはいないと捉えた〉とあります。

北岡さんは、報告書公表後に、自分たちの努力の正しさを盛んに説明し、共同研究の意義を述べます。

〈中国側は、日本側が日本の侵略を認め、南京虐殺の存在を認めたことが共同研究の成果だと言っている。しかし、日本側はそんなことは共同研究を始める前から当然のことと考えていた。実際、日本の歴史学者で、日本が侵略をしていないとか、南京虐殺はなかったと言っている人は殆どいない〉（『読売新聞』二〇一〇年四月十八日朝刊「地球を読む」）。また、満州事変から降伏までの戦争は、〈日本の侵略は明白な事実〉だと自信を込めて断言している。

このような歴史理解は、浅薄を超えて間違いです。かような歴史認識、現状認識なればこそ、「日中歴史共同研究」にのこのこと乗り込めるわけですね。この人は学者というよりも、外務官僚のような雰囲気です。政治の下僕《げぼく》、外務省内「媚中派《びちゅうは》」の広報担当官相当だと言いたいですね。

一九二〇年代の国際秩序を乱したのは日本ではなく中国

柏原　ここで少し脱線して、当時のアメリカ人外交官マクマリーのレポートを簡単に紹介させてください。

一九二〇年代の中国を巡る外交の軸は、ワシントン体制と中国側による条約改正の動きでした。ワシントン体制とは、中国を巡る関係諸国間の国際協調にその本質がありました。中国も、当初は不満ながらも「不平等条約」という特殊な政治体制が現状の基礎にあること、そしてその現状は、列強との協調によってしか変えられないことを十分承知していたのです。

しかし、コミンテルンの影響もあり、中国側は条約加盟国に対する疑念を持ち始めました。その結果、二〇年代の半ばから、中国国内で様々な排外運動が巻き起こされることになります。この時の排外運動のターゲットは英国、日本、そしてアメリカでした。

そして中国側は、多数の軍閥が割拠する状態から、北の張作霖政権と南の蔣介石政権が台頭し、不平等条約改正を巡り、ワシントン条約加盟国に無理難題を押しつけるようになるのです。

これに対して、アメリカは自国の宗教的信念と市場としての中国への野心から、そして英国は自国商品のボイコットを抑えるために、中国側に率先して譲歩するのです。日本はそれに抗議するのですが、聞き入れられませんでした。結局、関税問題では中国側に押し切られるのです。

関税問題が一定の解決を見ると、一九二八(昭和三)年に中国全土をほぼ手中に収めた国民党政府は、今度は治外法権の問題に目を向けるのです。そして列強国の間での意見の不一致を利用して、一気に攻勢に出ました。一九二九(昭和四)年十二月末に簡単な宣言文を表明し、条約に定める治外法権の規定を一九三〇年一月一日以降無効とすると決めたのです。交渉は中国に相当譲歩する形で進行中でしたが、一九三一(昭和六)年の満州事変の勃発によって中断されてしまいます。

以上が粗筋ですが、これから明らかなのは、一九二〇年代の国際協調を崩したのは日本ではなく、まず中国、それから中国に追従した米英だったという論点です。中国側が治外法権を無視するならば、大陸における日本人の生命・資産はその日から大きな危険にさらされることになります。ここに満州事変の必然性があります。アメリカ人の職業外交官も、その必然性を認めていたのです。日中共同歴史研究とは全く相容れない見解ですね。

ここで実に興味深いのは、このレポート全文が掲載されている『平和はいかに失われたか』（原書房）という研究書は、北岡さんが監訳なさっていることです。さらに、北岡さんは立教大学におられた時に『ワシントン体制と「国際協調」の精神―マクマリ・メモランダム（一九三五年）によせて―』という論文まで執筆しています。しかし、北岡さんがこの論文の中で主張している結論とマクマリーの結論とは大きく異なるのです。

西尾　それは非常に興味深いですね。

マクマリーの米外交批判が抜け落ちている

柏原　マクマリーは結論の部分で次のように述べます。

「我が国（アメリカ・柏原注）の自己利益からいうなら、（中略）過去に中国問題に関して示したような特殊な関わり合いからは身を引くべきであろう。（中略）（アメリカは）挫折感をおおっぴらに認めたりせずに、我々と関与の責任負担を、用心深く目立たないように少なくしていくよう心がけるべきである。（中略）我々は列強の内でも一番利害関係の深い他の国（日本・柏原注）に新しい状況に適合させるための責任を負わせ、その国とできるだけ一緒にやっていくのがいいだろう」

このマクマリーの主張は、アメリカの当時の対中政策を強烈に批判するものであり、中国大陸のことは日本に任せて、アメリカには静かに手を引くことを推奨していることは明らかです。ですから、おかしいなあ、と思ってこの北岡論文を読んでみたのです。すると、次のように述べられているではありませんか。

〈要するに、アメリカが対象とすべき東アジアには、不安定な中国のみならず、不安定な日本が存在していた。国際協調路線は結局日本の中国政策にとって不利である。そのように考える勢力が日本を支配したとき日本は実力行使に出るであろう、その可能性は決して低くない、そしてそれは中国にとってもアメリカにとっても、また日本にとっても大きな不幸となるであろう、何とかそのような事態を未然に防ぐべく、日本を国際協調のワクのなかに引き止めておかねばならない。これが、マクマリの基本的な考えであった〉

最も違和感を覚えるのが、〈日本を国際協調のワクのなかに引き止めてお〉くという趣旨の表現がマクマリーのレポートの中に見られないことです。これは、あくまで北岡さんの視点であり、日本は悪者だから封じ込めが必要だという北岡さんの願望を無理やり読み込んでいるのです。その結果、北岡さんの頭の中からは、マクマリーの米外交批判が抜け落ちてしまっているのです。

北岡さんは〈国際協調路線は結局日本の中国政策にとって不利である〉と述べていますが、そもそも、この国際協調の枠組みを破ったのは英米中の三国なのです。ですから、先の引用の直後に〈ではそのため（日本を国際協調のワクの中に引き止める・柏原注）の方法はあるのか。マクマリによれば、ワシントン諸条約の条文と精神を忠実に守ることであった〉と北岡さんが書いていることが、いかに論理的に破綻しており、デタラメであるかもはや明白でしょう。これでは、北岡さんが自分の脳内で史料を捏造《ねつぞう》していると非難されてもおかしくありません。

これは、北岡さんの「昭和史」研究の水準の低さを率直にかつ雄弁に物語るエピソードであろうと思います。

極東情勢を冷静かつ公平に分析評価していた人々

福井　マクマリーは当時、北京駐在の米国公使を務め、中国の行動を逐一《ちくいち》観察しながら、第一次大戦後の極東における列強の協調体制の枠組みを決定する立場にあった人物です。そのマクマリーが一九三五（昭和十）年、アメリカ国務省にメモランダムを提出しています。そこには、日本を満州事変に追い込んだのは中国であり、ワシントン体制を破壊した責任を負っているのは中国である、と書かれています。

さらに、このままアメリカが中国側に立って日本との対立関係を深めていくようなことをすれば、新たな世界大戦が引き起こされ、そうなるとコミンテルンによって共産主義が全アジアに蔓延《まんえん》する結果になりかねない、という危惧を表明しています。

実はこのマクマリーとほぼ時期を同じくして、同一の見解を抱いているカール・カワカミという人物がいます。彼は日系アメリカ人で『シナ大陸の真相』（福井雄三訳、展転社）の著者です。当時のアメリカ言論界の重鎮的存在で、世界の日本に対する誤解を修正するための努力を傾けました。

シナ事変と満州事変は表裏一体のものだが、日本が中国においてとっている行動は決して侵略と破壊を目的としたものではなく、東亜の秩序を確立し、混乱を収束させるためのものなのだ、そして日本は国際法に従って忠実に行動しているだけであり、欧米列強と事をかまえる意図など少しもない、と。

カール・カワカミとマクマリーに共通して見られるのは、一九二〇年代に中国が唱え出した革命外交に対する冷徹な批判です。日清戦争以来の諸条約、列強諸国が中国に保有していた諸権益、これを中国の一方的な宣言によって破棄する。これが革命外交です。

マクマリーのメモランダムが出版されたのは戦後であり、お互いに面識もなく、意見も交換した形跡もありませんが、それでもこの両者は、ほぼ同時期に同じ見解に達していたことになります。欧米の知識人の中で当時、このような視点に立って極東情勢を冷静かつ公平に分析評価していた人々が存在したことは重要です。

柏原　おかしな記述ならまだあります。例えば、「第一部　近代日中関係の発端と変遷　第一章　近代日中関係のはじまり　近代日中関係の発端」において北岡さんは〈(薩長と幕府の間を・柏原注) イギリスが仲介したのも大きい。イギリスの目指すのは貿易上の利益であって、安定した秩序こそ望ましいものであった。江戸城無血開城は、勝海舟と西郷隆盛の決断で決まったが、圧力をかけたのはパークス英国公使であった〉と述べて、英国をあたかも平和の使者のように述べておられますが、グラバー商会の破産には言及されていません。

長崎のグラバー邸で有名なグラバー商会は、英国本国のジャーディーン・マセソン商会の代理店でした。ジャーディーン・マセソン商会といえば、一八四〇（天保十一）年に始まったアヘン戦争に深く関わっていたことで有名です。

そもそも、アヘンを中国に持ち込みたい英国とアヘンを防ぎたい清国の間で、強力なロビー活動により英軍派遣を決定せしめたのは、ほかならぬこのジャーディーン・マセソン商会だったのです。

明治維新においても、グラバー商会は討幕運動に深く関わっていました。このグラバー商会が倒産したのは、日本が内乱になることを見越して購入した武器弾薬が、明治新政府の平和的な施策により、そして江戸幕府の自制により十分な販路を見つけることができなかったためでした。パークス公使の例だけで、〈安定した秩序こそ望ましい〉といえるかどうか。

張作霖爆殺事件はソ連にも動機があった

西尾　次に服部龍二さんが書かれた「第一部　第三章　日本の大陸拡張政策と中国国民革命運動」について論を進めてください。

柏原　服部さんは張作霖爆殺事件に関して、〈河本大作大佐らは張作霖を列車ごと爆殺した〉

爆死した張作霖が乗っていた特別列車の貴賓車

張作霖爆殺事件（満州某重大事件）
安国軍大元帥の張作霖は華北一帯を支配していたが、国民革命軍の北上とともに本拠地は危殆に瀕していた。日本は張を日本の東北支配に利用しようとして、張に引き揚げを求めた。張作霖はこの日本の要請にようやく応じ昭和３年（1928年）6月3日に特別列車を仕立てて北京駅を出発。翌４日早朝、瀋陽駅に入る手前の南満州鉄道との立体交差あたりで列車が爆発し、重傷を負った張作霖は元帥府に運ばれたがまもなく死亡した。この張作霖爆殺は、関東軍高級参謀の河本大作大佐ら数名の参謀によって計画・実行されたとされているが、現場検証の結果も十分に検討されておらず、いまだ真相は不明のままである。

と、単に日本側の犯行としています。確かに、従来の通説では河本大作大佐らが橋の上部に爆薬を取り付けたとされますが、一九二八（昭和三）年六月三十日付の芳沢公使の報告によれば、北京現地新聞に、フランスの車に爆薬が仕掛けられたという記述があります。

河本大佐一派が偽装工作を行っていた

ことは明らかなので、関与があったと認めざるを得ないかと思いますが、アジア歴史資料センターのＨＰにある松本文書によれば、張作霖爆殺の調査は専門家によって行われていないとありますので、爆薬が列車に取り付けられていた可能性も決して否定できません。ですから、爆薬の情報が重要なのです。

西尾　日本の研究者、特に秦郁彦氏は、ソ連の関与を徹底的に否定していますね。

柏原　ええ。ただソ連の関与を否定しきれるかというと疑問です。ソ連の関与を否定する見解には、ソ連の動機という観点が欠如しています。

実は、張作霖は一九二七年に北京のソビエト大使館に押し入り、大量のソビエト情報活動の証拠となる文書を押収していました。そのことで、張作霖はソ連当局にとって激しい憎悪の対象となっていたことが推測されるのです。

二六年から二七年にかけては、中国でナショナリズムが燃え上がっていた時期でもありました。国民党創設当初は友好的だったソビエトとの関係も、これを機に急速に冷却化するのです。裏切り者や敵対勢力に対してソ連がどのような対外活動を行うかは、類書に多く記載されていますのでここでは述べません。しかし、暗殺という手段がポピュラーであったことははっきりしています。

ソ連の公文書の信憑性に問題がないわけではありません。田中上奏文の事例のように、そもそもが偽文書であったものが公文書として残っている場合もあります。暗殺をしたとされるナウム・エイチンゴンの報告書についても、爆薬の件がもう少し明らかにならないかぎり、事実とは断定できないでしょう。

重要なことは、ソ連と張作霖政府の険悪な関係をまず把握しておくことではないでしょうか。この時期の中国は、どのような国に対しても激しいナショナリズムを主張していたのです。

西尾　先ほど、福井さんがあの時代の中国の国際性を欠いた目茶苦茶な「革命外交」ということを言いましたが、相手が誰彼かまわぬ激しいナショナリズムは中国の本性で、今日の前の現代の中国にも同じものが脈々と流れているように思います。当時の日本は、その暗いナショナリズムを力で抑えようとして火傷《やけど》を負ったのではないですか。

柏原　ですから〈誤った戦争をして、不必要に多くの中国人に被害を与えた〉という見方には多くの疑問符がつくわけです。例えば、朝鮮戦争やベトナム戦争の評価はどうなるのか。「不必要に多くの朝鮮人やベトナム人に被害を与えた」ということになるのでしょうか。「不必要に多くの中国人に被害を与えた」という議論の前提そのものが誤りだった。

もし、アメリカが「多くの被害を与えた」というのであれば、冷戦の最前線で懸命に戦ったアメリカ軍の将兵の方々に実に失礼な話になるでしょう。私は日本がベトナム戦争に参戦する必要は全くなかったと考えていますが、それでも、朝鮮戦争やベトナム戦争には一定の評価を与えねばならないのではないかと思います。

それ以前に、そもそも戦間期のアメリカによる中国への不適切な関与がなければ、日中戦争はなかったのです。日中戦争がなければ、中国共産党の台頭はあり得ず、共産党が中国の政権を獲得していなければ、朝鮮戦争、インドシナ紛争、ベトナム戦争はおろか大躍進、文化大革命といった悲劇も生じなかったでしょう。

北岡さんは、アメリカの愚かさ、それに中国の悪を看過し、中国の全体主義的ナショナリズムに、必要以上に加担されておられるのではないでしょうか。

日本をひたすら憎む中国の精神構造

西尾 なかなか辛辣《しんらつ》な皮肉ですね。日本は不平等条約を克服するため、長い歳月と苦労と努力と外交的努力など様々な試みをしますね。ところが中国は何もせず、単に我儘、好き勝手に振る舞っていました。
福井 むしろ、悪いことはすべて相手国のせいにしました。
西尾 しかも、そういう中国を当時の欧米は大目に見て、逆に日本につらく当たりました。中国は欧米には頭が上がらないものだから、反撃の鉾先を日本に向け、ただひたすら日本を憎むという構造です。そのような経緯が一九二〇年代にあり、三〇年代の嵐を生む条件を醸《かも》し出していたわけですね。

しかし、この構図はそっくり現代にも当てはまりませんか。反日の中国に利を求めて群がる欧米各国……。

柏原　一方で、この報告書自身には注目すべき主張、立派な学問業績も含まれています。「第一部　第二章　対立と協力　それぞれの道を歩む日中両国」を書かれた川島真さんは、一九三八（昭和十三）年に中国で刊行された『中国近代史』の中で、露清秘密同盟条約が中国の失策であり、日露戦争、二十一カ条要求、満州事変なども、この密約に由来するとする当時の中国側の見方を紹介しておられます。

これは、日本側からは知り得ない中国から見た露清密約の評価でしょう。川島さんは、他にも積極的に様々なアーカイブから資料を発掘されていました。とはいえ、孫文を取り上げるのであれば、中国革命を企図した孫文に多額の資金援助を行い、辛亥革命の成就に寄与した梅屋《うめや》庄吉《しょうきち》をなぜ取り上げないのでしょうか。

孫文に対する資金援助は、現在の貨幣金額で一兆円を超えるといわれています。確かに、孫文が海外の華僑の組織である三合会（トライアド）などの支援を受けていたことは事実ですが、日本人にとっても近代的な中国国家を心から希望する人もいたということを、日本側から紹介するべきではなかったでしょうか。

また、東亜同文書院についても言及されておられませんね。その創設には、日本陸軍参謀次長を務めた川上操六も関わっており、日中がともに手を携《たずさ》えて経済を興し、列強と対抗することをその目的としていました。ただ単に留学生の増加を取り上げるだけでなく、日本側からの中国へのラブコールもしっかりと取り上げるべきであったと思います。

満州事変は始まりではなく終わりだった

福井　「日本が侵略戦争をしたんだ」という人の中には、「十五年戦争」という用語を使用する人がいます。これは一九三一（昭和六）年の満州事変に始まり、一九四五（昭和二十）年の日本降伏に至るまでの日本の対外行為を指して、これが十五年に及ぶ日本の一連の侵略戦争であったと解釈する。彼らの見解によれば、この十五年戦争の発端をなすのが満州事変だということになります。しかし、これは全くの間違いです。
満州事変は始まりではなく終わりでした。一九二〇年代の中国大陸のいかんともしがたい閉塞状況と混乱に終止符を打ち、東亜に政治的安定をもたらすためにとられた最後の政治的、軍事的解決手段だったのです。一九三一（昭和六）年に起きた満州事変と、一九三七（昭和十二）年に起きたシナ事変は別の事件です。

その意味において、服部さんが満州事変をワシントン体制の終結と見ているのは正しいのですが、一方で対華二十一カ条要求と満州事変が、近代の日中関係における最大の転機であったと位置づけていることは疑問です。日中関係が二十一カ条要求から満州事変へと直線的に向かったわけではありません。その中間にはワシントン体制という、比較的安定した国際秩序が存在していました。

日本の二十一カ条要求はアメリカの圧力で骨抜きにされ、九カ国条約によって日本は中国大陸から大きく後退しました。これがワシントン体制です。しかしその後、ワシントン体制は途中から変容し、やがて崩壊し始めます。

その最大の原因は、中国の政局の恐るべき混乱です。辛亥革命《しんがいかくめい》後の北京の共和国政府は名ばかりで単なる一地方政権にすぎず、一九二二（大正十一）年の第一次奉直《ほうちょく》戦争で中国大陸は三つの政権に分裂しました。

福地　一九二四（大正十三）年の第二次奉直戦争の結果、中国は南北二大軍閥に分かれますね。

福井　そうです。いったいどこの世界に二つや三つの政権が同時に並立する国がありますか。日本も含めた当時の列強諸国は、中国と交渉する場合に誰を交渉相手にしてよいのか、しばしば判断に苦しむことになりました。

九カ国条約は、中国に対してかくあるべし、というアメリカの理想と幻想を盛り込んだものでしたが、これがいかに現実離れした空想であったかは、そのあとの歴史が証明しています。アメリカの伝統のこの現実を無視した「かくあるべし」という外交政策は、その後の歴史においても繰り返され、世界を混乱させることになりました。

服部さんは〈やがて満州事変では、幣原外相までもが中国との直接交渉に挫折し、日本陸軍主導の傀儡政権構想に妥協するようになった。幣原外交の変質と崩壊によって、ワシントン体制の終幕は日本側から引かれたといわねばならない〉と結論づけます。

しかし、これは中国大陸に隣接し、その混乱の火の粉をかぶる危険の最も大きい日本の地政学的宿命だったといえましょう。

日本と中国の近現代史を語る場合に、満州国をどのように位置づけ評価するか、ということが最大の試金石の一つとなると思います。

関東軍への暗黙の期待が中国民衆の側にあった

西尾　その満州国について、戸部良一さんが書かれた「第二部　戦争の時代　第一章　満州事変から盧溝橋事件まで」についてはどうですか。

福井　戸部さんは満州国の統治実績の例として、幣制改革による通貨の統一を挙げ、〈事変以前から満州の地域金融システムは通貨統一の方向に向かっていたが、満州国はこの方向を継承して強力に実現を図った。通貨の統一は満州経済の近代化を促し、１９３４年までに満州は中国の中で最も工業化された地域となった〉と高く評価しています。

ここで、満州国が成立する以前、軍閥の割拠支配する満州で、通貨の混乱がどれほど人々を苦しめていたかを見てみましょう。

満州各省ではそれぞれの支配者によって紙幣が発行されており、これらの紙幣は他省では通用しない。当時、満州では内外公私合わせて百種類もの通貨が横行していたとされています。各紙幣は軍閥が思いのままに濫発《らんぱつ》するので、数年ごとに紙屑同然になる。軍閥の支配者たちは政権を奪取するたびに紙幣を濫発して巨万の富を蓄え、軍備を増強していました。

張学良政権などは歳出の八割を軍事費が占めていました。このような中にあって満州人民の生活は徹底的に破壊されつくし、最も富裕な奉天省でさえ人口の四割は雑穀しか食えない生活を送り、六割は物々交換の生活を送っていました。まさに中世以前の前近代社会です。

満州事変があのような短期間で世界史に前例がないほどの大成功をおさめたのも、軍閥の苛《か》斂誅求《れんちゅうきゅう》に対する民衆の怨嗟《えんさ》が頂点に達していて、関東軍が現状を打破してくれるかもしれぬ、という暗黙の期待が民衆の中にあったのでしょう。

問題は、新しい中央銀行の発行する通貨を、軍閥がそれまで発行していた様々の旧紙幣とどうやって交換するかです。これは、もとより満州国が責任を負うべき筋合いのものではない。だが被害者の民衆に救いの手を差し伸べ、民心を安心させ、信頼を回復するための緊急措置として、これら紙屑紙幣をすべて回収して新通貨と同じ額面で交換するよう、満州国総務長官の星野直樹は主張しました。

負担はすべて新国家が肩代わりするのです。これらの出血をともなう荒療治によって、通貨の混乱はおさまり、民衆の生活は安定しました。その結果、新しく出現した満州国に対する民衆の信頼感は不動のものになったのです。

日本人の誇りとすべき満州国の建国

西尾　戸部さんは満州国の〈産業基盤や鉱工業の発展は住民の生活水準の向上を目指すものではなかった。多くの場合、開発や近代化は軍事的な考慮に促され、鉱工業の発展も軍事関連部門に傾斜していた（中略）満州国は王道楽土になり得なかった〉と指摘しています。
福井　これに対しては、大いなる反論の余地があります。
満州国建国以来、国内治安を整備し、国家財政を確立した星野直樹は、満州開発五カ年計画という大事業に乗り出しました。五カ年計画はもともと満州国自体を対象として立案したものであり、現地調達型の自給自足と日満分業的な適地適業主義を考慮しながら推進するのが、当初のねらいでした。

そしてこの五カ年計画を成功させるために、日本は驚くべき手を打ちました。日本を代表する新興財閥である日本産業を満州へ移転させたのです。日産は当時から豊田と並ぶ日本の二大自動車メーカーのうちの一つですが、その日産を会社ごと日本から満州へ移転させてしまったのです。総資産二億円の日産がそっくりそのまま満州へ移転されたのです。

新しい会社は、満州重工業株式会社と名を改めてスタートしました。ここに満州国は初めて、世界水準の企業体と企業力を国内に有することになり、満州人も日本の一流の実業家・企業が満州国の開発にあたるのを見て、心の底から喜びました。

日産コンツェルンの総帥《そうすい》は鮎川義介です。満州重工業は日本において依然、日本鉱業、日立製作所、日本水産、日産化学、日産汽船などの錚々《そうそう》たる大企業を有していましたが、これらの企業も漸次《ぜんじ》、満州開発に動員投入していく、というのが鮎川義介の抱いていた最終構想でした。

情勢が一変したのは、一九三七（昭和十二）年七月に突如としてシナ事変が勃発してから以降です。これは日本が全く予期しなかった出来事でした。ここにおいて満州五カ年計画は、急速にその本質を変えていきました。満州の産業開発は日本の軍需産業の拡大に呼応しながら、それに応える形で組み込まれ、一体化されていきました。日本と満州は一心同体となって産業開発が推進され、その主導権は当然日本が握ることになりました。

それは、シナ事変の進展を通じてさらに加速されていったのです。シナ事変・大東亜戦争という不可抗力の運命に翻弄《ほんろう》されながら、満州国は日本の敗戦とともに歴史からその姿を消していきました。しかし星野直樹の次の回想は、満州国建国に関わった当時の日本人たちの、偽らざる本音を代表するものでしょう。

「生命わずか十三年。満州国の建国はついに見果てぬ夢に終わった。しかしこの間に日本の若き人々の示した努力と苦心は、永久に日本民族の誇りとするに足るものであると確信する。満州国建国の仕事に参画することができたことを今もなお幸福と考えているのは、決して私一人ではないと思う」

福地　戸部さんは〈「民族協和」もスローガンだけに終始した。実質的に満州国をコントロールしたのは関東軍であった。中央政府と地方（省）政府の実権は日本人官僚（日系官吏）によって掌握され、（中略）日本人の権力独占は強まるばかりであった。さまざまの面で日本人と他の満州国人との格差が拡大した。当初から大きかった建国の理念と現実の乖離は、ますます広がっていった〉と指摘します。

福井　その点については、当時の日本にそれ以上のレベルを要求するのは酷というものですし、また決してフェアな評価でもありません。

官吏の俸給面では日本人官吏と満州国官吏の間に格差が設けられ、日本人は満州人より四割高かった。

これに対して満州人から不満の声が起こったが、このような格差を設けたのは、当時の実情からすればやむを得ないことです。それは日本人官僚と満州国官僚の能力差からくるものです。日本は明治維新後すでに六十年を経過し、富国強兵・殖産興業を成しとげ、世界の先進国の仲間入りをしていました。官僚制度も整備され、世界一とまで賞賛された日本の官僚の能力の高さは定評があります。満州国に対して日本の果たす役割は、大人が子供を手取り足取り教え導いていくようなものです。かつて明治政府が外国人のお雇い教師を、総理大臣クラスの報酬を払って迎え入れたようなものです。

西安事件を抜きにして昭和史は語れない

西尾　北岡伸一『日中歴史共同研究』については、日中合わせて一千ページに及ぶ報告書を丹念に読み込み、さらには座長の北岡伸一さんらのこれまでの発言内容も精査した上で丁寧に論理的に批判してきましたが、そもそも共産中国と学問的対話が成り立つはずもなく、『日中歴史共同研究』それ自体がナンセンスであり、こういう国家間の企てを思いついた当時の自民党政府首脳がどうかしているし、名誉欲で政府に協力した学者も学者だ、という意見が私の周辺では圧倒的に多かったことをまずお伝えしておきます。

しかしともかく、「共同研究」は行われ、公的成果が発表された。苦々しいが、放置すれば有害な結果だけがたれ流しにされ、固定化します。しかもそれでいて、我々がどんなに精緻《せいち》に反論しても今度は一方では、政治情勢に屈服している左に傾いた歴史学者たちの間では、まああれはあれでいいのではないかと「徹底批判」にはたぶん耳を傾けないでしょう。

彼らは利権屋集団ですから、情勢が大きく動くまではじっと様子をうかがっていて、歴史を外交の具に、学問を取引のように扱うことに羞恥心を感じないで生きていくのでしょう。

それでは、一九三五（昭和十）年以降の問題点について、福地さんお願いします。

福地　まず「第二部　戦争の時代　第二章　日中戦争—日本軍の侵略と中国の抗戦」を扱います。執筆者は、筑波大学大学院教授の波多野澄雄さんと防衛省防衛研究所の庄司潤一郎さんです。

西尾　波多野さんも庄司さんも過去に私自身に関係があり、だから研究者としてとても評価していただけに残念でなりません。

福地　「第一節　盧溝橋事件の発生と全面戦争への拡大」と題してもっともらしく書いている

のですが、まず第一に一九三六（昭和十一）年に西安で起きた、張学良と楊虎城らによる蔣介石監禁事件である西安事件の記述が見られません。

おかしいと思い、報告書の前項で詳述されているのかと「第一章　満州事変から盧溝橋事件まで」で国際日本文化研究センター教授の戸部良一さんが記された西安事件の項を読んだのですが、これも非常に希薄な内容でした。この共同研究では、一貫してソ連のコミンテルンによる東アジア動乱に対する背後からの様々な企てに関する記述が欠けており、共同研究として全く失敗作です。

西尾　西安事件を抜きにして昭和史は語れませんよ。日中戦争を扱うなら、これ抜きでは語れません。まして、西安事件は内戦を停止させ、中国軍を一致して抗日へ向かわせた転回点で、真っ直ぐに盧溝橋事件へ繋がっていきます。

事件そのものの内容は張学良が黙したまま死亡したので謎のまま残りますが、ああいう事件はそれ以前に世界で起こっていたことと、それ以後に起こったこととを綜合的に判断して解釈するしかないのです。

事件の起こったのは一九三六年の年末ですが、十月の西安会議でソ連と張学良は協議を開始しており、スペインの内戦でソ連と独伊は決定的に対立し、そこに日独防共協定が成立して日本の反ソが明確になり、新憲法を発布したばかりのソ連は中共にてこ入れします。

ところが、イギリスは中国大陸でぜんぜん反ソ的動きをしていません。イギリスはむしろ背後にあって、西安事件を画策したのかもしれない。中共軍討伐をやっていた張学良は、英米系ユダヤ工作によってコミンテルンとの秘密協定を結んだのかもしれない。

イギリスはこの危機に乗じ、中国の金融経済力を独占しようとしたのだと思います。いずれにせよ、あれ以後、イギリスとソ連が国民党政府をどんどん援助する方向へ行くんですよね。アメリカはまだ日本と衝突する動きを明確に見せていなかった頃ですが、イギリスとソ連が手を組むという第二次世界大戦の構図が、西安事件の怪しげな動きの中にすでにある。それほどの事件を取り上げないなんていうのは、もう「歴史」じゃないのですよ。

福井　西安事件では蒋介石の国民党政府が掃共戦争を行っており、延安の毛沢東政権は陥落寸前で、最後の五分間といわれる状態でした。

国共合作から盧溝橋事件へと向かう抗日戦争スケジュール

柏原　一九三六（昭和十一）年といえば、フランスでは六月に人民戦線内閣が成立し、スペインでは二月に総選挙で人民戦線派が勝利を収めます。そして、七月からはスペイン内戦が始まります。

日本でも、北一輝の影響のもとで陸軍青年将校が二・二六事件を起こしますが、そもそも、この北一輝本人が共産主義の強い影響を受けていました。このように、共産主義の影響力が世界規模で広がっていた年でもありました。

福地　西安事件では、スターリンと毛沢東が示し合わせて反蔣を連蔣に、そして国共合作へと方針の大転換をします。

掃共戦副司令に任命した張学良が、最後の毛沢東政権殲滅《せんめつ》戦に出撃するふりをしながら出ていかなかった。業を煮やした蔣介石は、張学良を督戦《とくせん》するために西安に赴くわけです。ところが、国共合作を盛んに懇願したが強く拒否され、戦闘開始を厳命された張学良は意を決して蔣介石を監禁し、中国共産党との国共内戦から抗日戦争に切り替えさせたわけです。

そういうことから出発しなければ、一年後の一九三七（昭和十二）年に起きた盧溝橋事件もその後のシナ事変（日中戦争）も、何もわからない。

西安事件を分析してしまうと、日本の侵略と捉えた中国のナショナリズムの進行過程でシナ事変に入っていったという論が崩れてしまう。盧溝橋事件から第二次上海事件までは、完全に中国の抗日戦争スケジュールの流れの中で進行していました。そのことは、歴史を少し繙《ひもと》けば読めるわけです。

柏原　おっしゃるとおりですね。ヨーロッパでは反ファシズムを旗印に、共産党と他の社会主義政党との協力体制が人民戦線内閣として結実するのですが、中国では総選挙がないので（笑）、蔣介石を拉致するという手荒な手段を用いた第二次国共合作が実行されたのでしょう。盧溝橋事件も、この文脈の上で考える必要があります。

西尾　波多野さんと庄司さんは盧溝橋事件について、次のように書いています。

〈1937年の華北は、宋哲元を委員長とする冀察《きさつ》政務委員会が河北、チャハル両省を統括していた。この冀察政権は国民政府がいわば「緩衝機関」として設置したという成立事情から、冀東政権とは性格が異なり、支那駐屯軍にはその親日姿勢に不信感を抱く者も少なくなかった。他方、支那駐屯軍による頻繁な夜間演習は宋哲元の率いる第29軍には「挑発行動」と映り、必要以上に冀察政権側の警戒心を煽っていた〉

さらに本文はこう続きます。

〈7月7日夕刻、豊台《ぶだい》駐屯の支那駐屯歩兵第1連隊第3大隊第8中隊は、宛平県《えんぺいけん》城北側の永定《えいてい》河《が》にかかる盧溝橋畔でこの日も夜間演習を行っていた。午後10時40分頃左岸堤防陣地の方角から二度の銃撃を受けた〉

銃撃を受けたのは日本側ですね。そして〈清水節郎中隊長は伝令を送って豊台の大隊本部に報告した。一木清直大隊長は警備召集によって約500名の部隊を宛平県城近くの一文字山に出動させた〉

そのとおりです。ところがなぜか、話が突然、八日に変わってしまう。〈翌8日午前3時半頃に一文字山に到着した部隊は竜王廟方面で銃声を確認したため、北平の牟田口廉也連隊長に現状を報告すると牟田口は戦闘を命令した〉と。

しかし実際は、七日の夕刻に銃撃を受けてから八日の間には様々な出来事が起こっていたわけです。日本側の一木清直大隊長は、上官である牟田口連隊長に反撃の許可を求めようとしたのですが、牟田口がなかなか捕まらなかった。さらに七日のうちに四、五回は撃たれていた。

福地　日本側で一名の兵隊の姿が見えないと問題になりました。そのようなことを意図的にわかりにくくするために、報告書では〈冀東政権〉や〈冀察政務委員長〉などいろいろと細かなことを書いているんです。

私が史実として注目すべきと考えるのは、小競り合いがあった翌日の八日には、中共中央委員会は延安から徹底抗日を関係各所に通電していることです。あまりにもタイミングが良すぎる。

福井　さらに蔣介石は、発砲があった二日後の九日には総動員令を発令していましたが、日本側は三週間後でした。

日本と戦ったのは国民党軍で中共軍ではない

西尾　盧溝橋事件で、最初の発砲が共産党の手の者から行われたことは史実として証明されているにもかかわらず、それが全く叙述されていませんね。例えば、劉少奇《りゅうしょうき》の一味からともいわれています。

福地　報告書では、劉少奇のことなど中国側にとって不都合な情報を極力隠そうとしています。日本の研究者であればすべてわかっていることであり、当然、波多野さんや庄司さんが知らないはずがないんです。

西尾　わかっていることを徹底的に隠していますね。向こうがたとえ反駁するのはわかっていても、こちらは一度は言うべきではないでしょうか。この報告書に書かれた盧溝橋事件は、中国側に最初から媚び諂《へつら》った全くの虚報の上に成り立っています。

柏原　西安事件から中国側の動きを検討しなければ、共同研究にはなりません。

西尾　工藤美代子さんの書かれた『近衛家　七つの謎』（ＰＨＰ研究所）に盧溝橋事件のことが書かれています。近衛内閣の昭和史研究会の朝食会で、すでに劉少奇の名前が出ているんです。

近衛内閣のブレーンの一人、尾崎秀実《ほつみ》が話題を切り出します。「来る七月上旬、北京周辺においてわが軍に対して不穏の動きをなす分子の活動が予想されております。これが発火点となって日中間の戦争へ発展、さらに長期化するおそれさえ報告されておるのです」と。

さらに次のように続きます。「風見が具体的な内容について訊ねると、尾崎は待っていましたとばかりに先を急いだ」「中国北部のわが軍は河辺正三少将の旅団が押さえていますが、ご承知のように北京周辺にはいくつもの軍閥が割拠しております。すなわち蔣介石の北伐に抗して戦っている西北軍閥のボス馮玉祥配下の石友三、陳覚生ら。それを許さじとする蔣介石軍。もっとも彼らは表には出ません。（中略）一方では、中国共産党も目を離せません。劉少奇（当時、中国北方局第一書記）の配下にある学生が突出して衝突するかもしれません」

福井　それがすべて的中したんです（笑）。

西尾　「近衛は、食事を終えると牛場を呼んで手配を急がせた。風見はいかにも感心したふうに尾崎の側へ寄ってくると肩を叩いて誉めそやした。『さすがだな、あんたの分析力は大いに役立つと思うよ』と言った」と。

福井　尾崎は中国側の情報を全部知っていた。それで救世主のごとく持ち上げられたわけです。

西尾　なぜここまで歴史的にすでに知られている日本側では常識になっていることを、「日中共同研究」では隠すのでしょうか。それも露骨にです。

福地　これでは、北京共産党政府の代理人になってしまったのも同然だと言わざるを得ません。

福井　波多野さんは、日中戦争における共産党軍の存在と功績を過大評価しています。明らかに、現在の中国共産党政権の存在基盤と正当性を称えるために、中国側にすり寄ろうとしている姿勢が見てとれます。「第三章　日中戦争と太平洋戦争」から記述を挙げます。

〈40年後半の百団大戦によって、日本軍は華北の抗日根拠地を基盤とする共産軍の実力と脅威を認識することになり、（中略）共産軍対策が重点目標となる。（中略）こうした治安強化運動や掃蕩作戦の強化は、抗日根拠地に大きな打撃を与え、根拠地は縮小を余儀なくされる。しかし、この未曾有の根拠地の危機は、共産党の指導に（中略）よって克服され、43年以降、根拠地は徐々に再生・拡大をたどることになる。（中略）45年6月共産軍は河北省で一斉に攻勢に出るのである〉

波多野さんは、日中戦争で日本軍の矢面に立ち最も熾烈《しれつ》な戦いを演じたのは中国共産党軍であり、かたや重慶の国民党政権は四川・雲南の奥地に逃れたと指摘しますが、これは史実とは異なります。

一九三七（昭和十二）年七月、盧溝橋で火蓋を切られたシナ事変は、その年の暮れの南京攻略戦となり、南京陥落で逃亡した蔣介石は徹底抗戦を呼びかけました。翌三八年十月、シナ事変で最大の激戦となった武漢作戦で敗れても、蔣介石は和平に応じず、さらに奥地の四川省の重慶に立てこもり、抗戦を続けました。

シナ事変発生から一年あまりが経ち、この武漢作戦でもって大規模な戦闘はほぼ終了したわけですが、その間、日本軍と正面から戦って最も大きな犠牲を出したのは蔣介石の国民党軍でした。中国共産党軍が行ったことといえば、そのあと日本軍が占領した広大な点と線に沿って、散発的にゲリラ戦を仕掛けた程度です。

八年間に及ぶシナ事変中、もう一つの戦闘らしい戦闘が行われた一号作戦、いわゆる一九四四（昭和十九）年の大陸打通《たいりくだつう》作戦ですね。この時も、日本軍の矢面に立ったのは国民党軍でした。

通州事件はたったの三行

福地　さらに問題は、通州事件についての記述です。報告書では次のように記されています。

〈駐屯軍は28日に全面攻撃を開始し、翌日には永定河以北の北平・天津地区をほぼ制圧した。その直後に起こった通州事件は、日本の中国に対する強硬な世論を決定的なものにした〉

たったこれだけなんです。通州事件の内容が何も書かれていない。日本人が書いた文章とは思えません。二百数十人の日本人居留民が、言葉にできないほどおぞましい虐殺をされた事件ですよ。日本人のみならず、世界的にも通州事件の凄惨さは周知されている。にもかかわらず、それをまるで日本が中国を挑発したことによって起きた、あたかも中国の正当防衛のごとく記されている。これは異常ですよ。

柏原 通州事件の記述の前半部は〈25日、26日と連続して起こった小衝突事件（廊坊《ろうぼう》、広安門《こうあんもん》事件）を契機として、陸軍省部は延期していた3個師団の動員実施を決定し、27日の閣議はこれを了承した〉と書き流しています。

福地 廊坊、広安門事件も大変な事件であり、日本軍はものすごく緊張しました。そして通州事件が起こった。これは徹底的な挑発であり、日本側が出兵せざるを得ないことは明らかです。

西尾 論文の冒頭には、〈とくに戦場となった中国に深い傷跡を遺したが、その原因の大半は日本側が作り出したものといわなければならない〉と、原因は日本にあると記されています。酷すぎます。

ここで、大阪からきた一日本女性の通州事件の目撃談を、一部ご紹介します。

「日本人男性の頭の皮を剝いで目玉を抉り取り、今度は青龍刀で日本人のお腹を切り裂いた。そのお腹の中から腸を引き出しいくつにも切って、これはおいしいぞ、日本人の腸だ、焼いて食べろと言っている」

福地　酷すぎます……。報告書が、政治的枠組みで書かれたものであるということがよくわかります。

北岡さんや左翼学者は、中国に対して日本が多大な損害と心に傷を負わせ、中国にとっては今に記憶が新しいと盛んに述べるのですが、そんな記憶など中国人にはありませんよ。

シナ事変や大東亜戦争の後に、毛沢東が文化大革命であらゆる弾圧や虐殺を行った。その文化大革命を通り越して、なぜシナ事変を覚えていると言えるんですか。覚えているわけないんです。それは、江沢民の反日・愛国教育で執拗に覚えさせられただけの話です。そのようなことも、報告書には書くべきなんです。

かつて、岩波書店の『近代日本総合年表』には通州事件を載せていませんでした。それを我々が抗議をして、ようやく掲載された。中国にどういうわけだか強く共鳴する日本人左翼は、通州事件を隠したいんです。中国が南京大虐殺を提示したのは、通州事件を眩《くら》ますためだと考えてもおかしくない。その卑劣な策謀に同調する者、この共同研究の参加者にはそこを克服してほしかったのですが、がっかりです。

西尾　通州事件は南京大虐殺の雛形ですよ。南京大虐殺の記述は、中国が通州事件で自分たちが行ったことを書いているんです。

中国側に塩を送るような歴史記述

福井　上海事件に関する記述も酷いですね。

福地　〈盧溝橋における最初の発砲は「偶発的」であり〉と書かれ、注釈が記されています。そこには、〈日本の研究者は偶発的発砲説が主流であり、中国の研究者には日本軍による計画的発砲説、謀略説が多い。秦『盧溝橋事件の研究』は、29軍兵士による偶発的発砲と推定している。安井『盧溝橋事件』は、偶発的であるが直後の日本軍の対応を問題としている〉と秦郁彦さんや安井三吉さんの文献をもっともらしく提示して読者をくらますわけです。

そして、上海事件の前には船津停戦協定があり、交渉が行われるその日に、上海で大山海軍中尉と斎藤一等水兵の虐殺事件があった。ところが、これを偶発事件のごとく書いている。日本が進撃したからやられたと。とんでもない記述です。日本人とは思えません。

福井　少なくとも、七月から八月までの一カ月間は、一方的に中国が挑発を繰り返していました。日本はなんとか収めようと努力するのですが、中国は戦争をしたくてしようがなかった。三回休戦協定が成立しているにもかかわらず、それをすべて中国から破っている。

福地　日本は引き込まれたわけですが、波多野さんと庄司さんの論文では、石原作戦部長らの

「不拡大派」を特筆大書して述べる。つまり、石原は正しかったというわけですが、それが枕言葉となり、「シナ一撃論」が記述されるんです。中国による挑発があまりにも続いたため、日本は、どこかでだまらせる、抗日機運を鎮静化させなければと考えた。ところが、「シナ一撃論」についてはこう記述しています。

〈田中新一軍事課長や武藤章作戦課長らの「拡大派」は、事件勃発直後から、国民政府軍に一撃を加え、国民政府の抗日姿勢の転換を迫り、一挙に日中問題を解決するという「一撃論」を展開していたが、こうした一撃論は「不拡大派」を圧倒し、陸軍部内の多数派となるのである〉

そのとおりです。ところがこれ以降の記述は、「一撃論」によって、日本の侵略がどんどん進むという記述が続きます。石原の冷静かつ理性的な不拡大方針を抑えて、陸軍内部では拡大派が圧倒的多数を占め、南京まで激進すると。これは、左翼がずっと使ってきた論理です。それと全く同じことを書いている。これでは共同研究ではなく、中国側に塩を送るようなものです。中国側は、「日本は南京虐殺も簡単に肯定するぞ」と思ったことでしょう。欠陥だらけですよ。

福井　報告書では米内光政を非常に好意的に捉えていますが、問題ですね。

米内は確かに三国同盟には反対の立場でした。さらに、彼も含めて海軍は伝統的に英米に対する親近感が強かった。しかし、これは何も海軍だけにかぎったことではありません。あの松岡洋右も、「アメリカと戦うべからず」と強く主張していたのです。

米内がソ連に対して、憧憬《しょうけい》といってもよいほどの親近感を抱いていたことも見逃せません。ソ連とは友好関係を保たなければならない。これが彼の一貫した姿勢でした。米内は親米だから三国同盟に反対したのではなく、親ソだから反対したのです。彼は第一次大戦からロシア革命にかけて、駐在武官としてペトログラードに住んだのですが、この国の魅力にすっかり虜になってしまい、大変なロシア贔屓《びいき》となって帰国しました。日本に帰国後も、異常な関心を持ってロシア文学やロシア革命にのめり込み、ソ連研究の論文も執筆しています。

福地　阿川弘之さんの「海軍善玉・陸軍悪玉」論と同じ考えです。米内は冷静だったが、陸軍が悪かった。海軍にも強硬派はいたが、あくまでも米内は冷静だったという書き方です。

福井　米内光政こそ、強硬に出兵を主張した張本人です。シナ事変では米内の罪がいちばん重い。

報告書には、〈米内海相も陸軍の上海派兵には積極的ではなかった。しかし、旗艦「出雲」の中国空軍による爆撃によって態度を急転（中略）米内の積極的な派兵論への転換は、海軍の強硬姿勢への傾斜に歯止めを失ったことを意味した〉と書いていますが、重要な点は書かれていません。

第二次上海事件の時、米内は現地にいるわずか五千人の海軍陸戦隊だけでは居留民を守りきれないとの理由で、出兵を要求しました。これに対して、石原莞爾は出兵に断固反対でした。戦火が中支に飛び火すれば敵の思う壺であり、泥沼にはまりこんで後戻りできなくなってしまうからです。

実はこの時、陸軍内部も武藤章、田中新一などの強硬派と、石原莞爾、多田駿、杉山元などの穏健派に分裂していました。米内はその陸軍の内部抗争にうまく便乗したというのが真相でしょう。これは、海軍伝統の南進論の野望に火をつけることになりました。南進の果てには、アメリカとの衝突が待ちうけています。

福地　米内の対支強硬論については、歴史学界でも少しずつ定説になりつつあるにもかかわらず、非常に古い海軍善玉論を持ち出してきています。

第二次上海事件は中国の対日宣戦布告だった

柏原　報告書には、〈15日に下令された上海派遣軍は、純粋の作戦軍としての「戦闘序列」としてではなく、一時的な派遣の「編組」の形を取っていた。その任務も、上海在留邦人の保護という限定されたものであった。しかし、上海戦は中国軍の激しい抵抗のなかで、事件を局地紛争から実質的な全面戦争に転化させる〉と書かれています。

西尾　第二次上海事件は、中国軍が攻めてきたわけですから〈中国軍の激しい抵抗〉はおかしいですね。「中国軍の激しい攻撃」と書かなければ、筋が通りません。

福地　日本側の研究者たちは、あくまでも日本が積極的に攻撃したのに対して、中国軍は受け身の防衛をしていたと言いたいのでしょう。

西尾　日本側の駐屯軍は、最初五千人ぐらいですね。それから増派されても、日本から船で来るのには十日近くかかる。しかも、上陸した陸戦部隊は二万人くらいですが、迎え撃つ中国軍は三十万人です。そして、日本はドイツが作ったトーチカにやられて一万人に近い死者を出すという日露戦争の旅順攻略戦以来の大損害を蒙《こうむ》った。ここで明らかに、中国側の対日宣戦布告があったわけです。

福地　それをなんとか乗り切り、日本側は南京入城で安堵したんです。この段階で、日支軍事衝突を終わりにしたかった。ところが、蔣介石軍は重慶に退くも、なおも執拗に抗日戦争を続ける姿勢をくずさなかった。

西尾　一九三七（昭和十二）年十一月から一九三八年一月十六日までの期間に、ドイツの仲介で行われた日本と国民政府間の和平交渉であるトラウトマン交渉が起こる。あの時和平が実現していればうまくいっていたのに、なぜか「国民政府ヲ対手《あいて》トセス」とした近衛文麿が悪いか

1937年8月16日上海上空に姿を現した日本海軍機

第２次上海事件

昭和12（1937）年７月７日に起きた盧溝橋事件は、停戦協定で収まるかにみえたが、蔣介石は上海近郊に約30個師団を集め、国際共同租界の日本人区域を包囲した。８月９日上海西方の虹橋飛行場付近で日本海軍陸戦隊の大山勇夫中尉と運転手が射殺されたことをきっかけに、13日、日中両軍の戦闘が開始された。国民党軍は上海において日本側に対して砲撃、さらに日本の軍艦に対しての爆撃まで行ったことから、日中両軍は全面戦争に突入した。

のように書いていますが、何度試みても蔣介石が応じないという背景には、ソ連の後押しがあった。

ところが、報告書にはソ連の介入もドイツの話も出てきません。それから始まる英米の支援もない。蔣介石が重慶にこもってからイギリスは一段と激しく支援し、そしてアメリカも動き出しますね。

福地　日本軍を手ぐすね引いて待ち構えていたのは、中国だけではなく、アメリカもです。日本嫌いで有名なルーズベルトが、シカゴでいわゆる「隔離演説」を行っています。

福井　一九三七（昭和十二）年に日本とイタリア、ドイツを疫病、病原菌とみなした演説ですね。

西尾　日本側は昭和十二年、十三年の段階では、アメリカとイギリスは別だと思っていましたね。むしろアメリカに期待していましたが、その病原菌だと言った演説は日本側には伝わっていないんですか。

福地　伝わっており、外務省は抗議しています。

西尾　一九三八（昭和十三）年に、日独伊三国同盟の提案がありますね。

福地　波多野さんも庄司さんも知らないはずはないと思うのですが、故意に無視したのでしょうか。いわゆる柳川兵団第十軍が編成されて動員されたのが、日独伊をこき下ろしたルーズベルトの貿易隔離声明があった一週間後です。

西尾　アメリカ、イギリス、ドイツ、イタリアといった諸外国との関係が全く書いてありません。

日本軍を南進させたかったソ連の戦略

福地　北岡さんは、少なくとも東アジア情勢に目配りしこの研究をしなければならない、というようなことを言っていますが、東アジアだけ見ていてもわからないわけですよ。

西尾　ヨーロッパ情勢はまさに「複雑怪奇な時代」でした。

福地　しかも、アメリカが太平洋を乗りこえてこちら側まで進んでくるとは、大方の人はわからなかった。だが、国際政治・軍事状況の複雑な力学関係の中で、シナ事変は我が方の意図を遥かに超えて進行させられたと言うべきでしょう。

その際、蔣介石は英米の意図にかなり忠実であり、中国共産党はソ連の指図で蔣介石を抗日戦争から抜けられないよう内面指導する立場にあった。国共合作だったのですよ。

西尾　そのとおりです。ソ連は日本軍の北進を防ぎたかった。イギリスはなんとかしてアメリカを戦争に引きこみたかった。ソ連の動きはドイツと関係し、イギリスがどう動くか、イギリスがどの国と組むか、イギリスとソ連が欧州戦線で手を組むということが近づいている時代でした。確かに、本当に東アジアだけ見ていても歴史を描けない時代に入っていました。

福地　レーニンとスターリンのアジア迂回戦略が着々と実行に移されているわけです。アメリカはそれを知ってか知らずか、出てくるわけです。

西尾　知らなかったのだと思いますよ。アメリカ人の中には、ソ連と未来をともにすると信じていた甘い人が多数いた時代でした。

福地　日本陸軍の北進を抑えることが、当時のクレムリンの一番の目的だった。

日本を南に引っ張るための上海事件だったわけです。そのようなことを報告書に一行でも書いてありますかと、北岡さんに問いたい。

福井　シナ事変は、日本の意思によって回避するのは難しかったのではないかと推測しています。なぜなら、その背景に蔣介石の戦争継続に対する断固たる意思が存在していたからです。蔣介石は時折、日本との平和交渉に応じるようなそぶりを見せますが、これは日本を翻弄《ほんろう》し、大陸の奥へ奥へと誘い込むためのポーズにすぎません。

英米と気脈を通じている彼は、日本を完全に自家薬籠中のものにしていました。英米の力をうまく介入させながら、最終的に日本を大陸から追い出すまで断固として戦い抜く。妥協は一切しない。これが蔣介石の抱いていた壮大な戦略でした。

西尾　ある意味で、見事でもあるわけですね。騙された日本人がいけない。次に、南京事件について論を進めましょう。

南京事件の通説を固定化するためにあえて史実を曲げる

福地　報告書では、松井石根《まついいわね》中支方面軍司令官が盛んに〈軍紀風紀を特に厳粛にしという厳格な規則策（「南京攻略要領」）を通達していた〉と記述されており、これはそのとおりです。ところが続けてこう記します。

〈しかし、日本軍による捕虜、敗残兵、便衣兵、及び一部の市民に対して集団的、個別的な虐殺事件が発生し、強姦、略奪や放火も頻発した。日本軍による虐殺行為の犠牲者は、極東国際軍事裁判における判決では20万人以上（松井司令官に対する判決文では10万人以上）、１９４７年の南京戦犯裁判軍事法廷では30万人以上とされ、中国の見解は後者の判決に依拠している。一方、日本側の研究では20万人を上限として、４万人、２万人など様々な推計がなされている〉

つまり、ここで虐殺を認めたわけです。私が記述するのであれば、「松井司令官の厳格な規則策に粛々と従ったが、シナの抵抗が絶えないため、防戦した」となります。これが日本の見解ですよ。ところが、通説を固定化するために史実を曲げる。研究者として極めて不誠実です。

柏原　北岡さんは、偕行社の『南京戦史』を非常に評価しているんです。『南京戦史』は昭和五十年代の後半、あの資料自体は作られた方が非常に異常な状態であったということは明らかです。ＹｏｕＴｕｂｅの動画でも放映されています。

かなりの時間が経ってから作られたもので、さらに洗脳を受けた方が日本に帰国して中国共産党のために働いているという事情が無視されています。ですから、そのような洗脳という一つのプロセスを飛ばして、偕行社だから信用できるんだというのは、「史料批判」という点で全く信用できません。

福井　北岡さんは〈どの国でも最も愛国主義的な団体は、在郷軍人など元軍人の組織である。日本陸軍では偕行社がそれであるが、偕行社は南京で調査を行い、周囲からの強烈な批判にもかかわらず、虐殺があったと認定している（『南京戦史』）〉と『外交フォーラム』で言っていますね。

福地　南京問題では、事実関係以前の問題として、報告書を読んでいて異様な感じを受けました。

〈さて、首都南京の占領は「勝利者」意識を日本の朝野に広め、事変の収拾方策や和平条件に大きな影響を与えた〉とあり、どこか悪意に満ちた感じを受けます。

さらに、〈近衛内閣が12月末の閣議で決定した「支那事変対処要綱」にも華北や上海周辺を政治的にも、経済的にも日本の強い影響下におくという、勝利者としての意識が反映している〉と書いているのですが、戦争なんですから当たり前です。それがおかしいと言うのであれば、南京に入城して「ボケー」としていればよかったんですか（笑）。日本には南京に入城して一段落ついたという安心した思いがあったし、事後の治安維持への配慮は欠かせなかった。

西尾　勝てば勝利者の意識を持つのは、古今東西当たり前です。でもそれほどギラギラしていなかった。南京で正月に餅つきをしたりしていましたね。いけいけドンドンという話ではありませんね。ここでなぜ蔣介石が和平に応じなかったのか。ソ連とイギリスの圧力でしょう。

福地　報告書を読んでいても全く理解できません。非常に中国側に媚び諂《へつら》った姿勢が一貫している。良いことが書いてあるという箇所が、一つもない。波多野さんが書かれた「第三章　日中戦争と太平洋戦争」の〈おわりに〉の項で、こう書いてあります。

〈盧溝橋事件以後の中国東北部（満州）を含む中国における日本軍人・軍属の戦死者数は約42万名、戦傷病者が約92万名である。このうち太平洋戦争開戦後の戦死者は23万名（戦傷病者50万名）と推定され、この数は盧溝橋事件から太平洋戦争開戦までの数を上回っており、進攻作戦よりも、後半期の中共軍との戦いに苦戦したという特徴が表れている〉

本当にそうなんでしょうか。

福井　いえ、はっきり言ってこの数字はおかしい。明らかに捏造《ねつぞう》されています。捏造資料を信憑しているんです。中共軍は戦っていません。

西尾　中共軍は強かったんだということを礼賛しているわけですね。

福地　数字は中国側の政治的、意図的なものです。一九九五（平成七）年にモスクワで江沢民前国家主席は、日中戦争で日本軍によって三千五百万人の死傷者が出たと世界に向けて演説した。それ以降、一斉に三千五百万人という数字が固定化されたことは有名ですが、この報告書にある中共と日本が戦ってこの数というのは眉唾も眉唾です。

しかもそれを、論文の終わりに持ってきていかに中共軍が善戦したかと書いている。不誠実極まりない行為です。そして、大陸解放もその流れの中で当然のように進められていくと実に好意的に記述してある。

中国政府が一貫して求めている動機は、抗日戦争に勝ち、日本ファシズムを倒したのは中国共産党であると高らかに謳《うた》いたいということではっきりしていますが、それはナチスを倒したソ連とは全く違っていて、それだけの実力が中共軍にはなかったどころか戦闘も行っていません。

日本が敗れたのはアメリカ軍です。アメリカに敗れたから中国大陸から手を引いたまでの話であって、日本は大陸で中国軍に敗れた事実はありません。ましてや、中共軍は全く日本と戦った形跡はなく、そのことをよく知っているからこそ毛沢東は、「日本軍のお陰で政権が取れたので、あなた方は侵略して申し訳なかったなどと謝る必要はない」と言っている（太田勝洪編訳『毛沢東　外交路線を語る』現代評論社）。

西尾　論文の終わりには〈また中共軍の死傷者数（失踪者を含む）は58万名を越えると推定される〉と記され、出典として注釈に筑波大学名誉教授の臼井勝美氏の〈『新版　日中戦争』によっている〉としているんですが、この数字自体が中共の提示している情報です。

福井　もし仮に、中共軍の死者が五十八万人だったとしても、これは国民党との内戦による死傷者であり、日本軍と戦って死んだのではありません。

西尾　中国の内乱ですね。それをすべて日本のせいにしている。

中国側の都合のいいように史実を書き換える

福地　さらに、ここでお決まりのテーゼに入ってくるんです。〈また、日中全面戦争は、双方の軍人だけではなく、とくに中国の非戦闘員に多くの犠牲を強いることになった。非戦闘員の犠牲の多さや日本軍による様々な「非違行為」は、戦後の日中両国民のなかに、新しい関係構築を妨げる深い傷跡を遺すことになった〉と。

まさに、中国共産党側や日本人左翼の決まり文句ですね。それと全く同じことが書かれている。

福井　さらに波多野さんは、〈現地軍の「現地自活」という要求が強まるなかで、物資と食料の確保のために手段を選ばない討伐作戦は、中国側が「三光作戦」と呼ぶ非違行為の背景となっていた〉と指摘します。注釈にも記されているのですが、〈「三光」とは、殺光（殺し尽くす）・焼光（焼き尽くす）・槍光（奪い尽くす）〉という意味です。

西尾　〈山本昌弘「華北の対ゲリラ戦、1939―1945」、波多野・戸部編『日中戦争の軍事的展開』〉に書かれているとされていますね。

福井　ええ。ただし「三光作戦」なるものは四千年に及ぶ中国の戦争文化の象徴であって、日本軍にはこのような清野《せいや》作戦の伝統はありません。これは常識中の常識です。中国が主張する戦時中の日本軍の残虐行為は、実は敗走する中国兵が民衆に対して行った蛮行を、そのまま日本軍に投影したものにすぎません。

ここで当時、中国大陸にいたイギリス人医師の目撃証言を紹介しましょう。R・W・ホーナブルック博士が一九三八（昭和十三）年十月、『ジャパンタイムズ』に寄稿した文章を、私が日本語に翻訳したものです。

「日本軍部隊が中国大陸で与えた損害は、敗走する中国軍によるものより僅かである。都市や町や村落の被った物質的被害は数億ポンドにのぼっており、中国が復興するには長い年月がかかるだろう。だがこの物質的被害の大部分が、中国の焦土政策の下で退却を続ける中国兵の引き起こしたものである」

当時、極東で日本と利害の対立しつつあったイギリスの医師によるこの証言は、非常に注目に値します。

西尾　私の『GHQ焚書図書開封３』（徳間書店）にも、退却中国兵の蛮行の証言があります。ところで、三光作戦だけではなく、波多野さんの論文の終わりには〈細菌ガス使用問題、戦場における慰安婦問題、日本軍の遺棄兵器問題、中国人労務者の強制連行や強制労働問題など〉と、たくさん書いてありますね。このようなことを、すべて公的に日本側が書いたことで認めてしまっているわけです。もはや、後になって消すことはできません。

福地　犯罪行為と言っても過言ではありませんよ。中国側の姿勢で書いているんです。当該箇所を詳細に引きます。〈日本軍による様々な「非違行為」は、戦後の日中両国民のなかに、新しい関係構築を妨げる深い傷跡を遺すことになった。国交を回復した72年の日中共同声明において、中国政府が「戦争賠償の請求を放棄する宣言」を明記したにもかかわらず、細菌ガス使用問題、戦場における慰安婦問題、日本軍の遺棄兵器問題、中国人労務者の強制連行や強制労働問題など、日本軍による戦争犯罪を問い、戦後賠償を求める運動が世代を超えて展開され、日本政府を相手とした裁判が今日まで続いていることは、そのことを物語っている〉

つまり、中国側が今、日本に対して強硬な姿勢を取る背後には、日本が蛮行を繰り返し、悪《あく》辣《らつ》な侵略を行ったことがあるんだと言っているわけです。それは全くの誤りであり、中国の捏造によって日本に因縁をつけてきているわけですよ。

西尾　波多野さんを研究者として評価していたんですが、「ああ、波多野さん、あなたもですか」という思いです。

つまり、日本では信頼される保守的で堅実な研究者だと思われている人が、世界の討議の場に出ると説を曲げるのみならず、承知で虚言を吐き、様々な史実を知っていながら、すべて中国側に都合のいいように口裏を合わせ、日本民族を裏切る言葉を述べる。私はこのご両名を評価していただけに、衝撃は大きいですね。

国際的な場での言論が腰砕けになる日本人学者の習性

福地　北岡さんは自分たちは中立派の研究者だとしています。

西尾　さらに付け加えると、東大教授の村井章介さんが書かれた「第一部　東アジアの国際秩序とシステムの変容　第2章　15世紀から16世紀の東アジア国際秩序と日中関係」について、指摘しておきたいことがあります。

福地　私は村井さんのことは非常に評価していて、拙著『国民の歴史』（文春文庫）の中でも秀吉に関して引用させていただきました。

「一六～一七世紀のアジアを見た場合に、ヨーロッパが出会う相手となったことだけが、この時期のアジアが世界的文脈のなかで担った役割ではない。むしろアジア自身のなかで、この時代には大きなうねりが、ヨーロッパをかならずしもふくまないかたちですでに生じていた。

（中略）

もうすこし具体的にいえば、最初にふれた日本史における統一権力の登場、中世から近世への移行という事態も、中国における明清交代という世界システムの激変と、共通の性格をもつものと考えるべきではないか。

その本質をひとことでいえば、世界システムの辺境から軍事的な組織原理で貫かれた権力があらわれ、あらたな生産力を獲得し、やがては中華に挑戦して崩壊させてしまう、という事態である。（中略）

豊臣秀吉はこの挑戦に失敗して自滅への道をあゆみ、秀吉を倒した江戸幕府は軌道修正に腐心することになるが、挑戦にあざやかに成功して中華を併呑《へいどん》したのが、女真族《じょしんぞく》の後金《こうきん》（のち清）であった。このようなアジアの巨大なうねりに重なるかたちで、ヨーロッパ勢力のアジア進出、地球規模の関連性の形成も生起した」（傍点引用者・村井章介『海から見た戦国日本』、ちくま新書）

ところが、この報告書では全く違うことを言っているんです。村井さんは〈豊臣秀吉の朝鮮侵略政争〉と書いている。

福地　完全な二枚舌ですね。

西尾　〈1595年に至って、小西行長と明側のエージェント沈惟敬との間で講和条約が合意された。その結果、秀吉を「日本国王」に封ずる冊封使が発遣され、96年に聚楽第で秀吉と対面した。通説では、秀吉はこの会見で自身が明皇帝の臣下とされたことを知り、激怒して第2次の戦争を始めた、とする。しかし、これは江戸時代になってから現れる解釈であり、同時代の史料には、秀吉の怒りの原因は、彼が望む朝鮮南半分の割譲が無視され、朝鮮からの完全撤退が和平の条件であることを知ったことにある、と記されている〉

秀吉の意思を、あっという間に矮小化してしまう。

そして、〈すでにそれ以前から、秀吉の獲得目標は、明征服どころか、朝鮮半島南半の確保という領土欲に矮小化されていた〉。

当時の地球的規模での行動と解釈せず、侵略戦争という書き方をしています。これも、それまでに村井さんが書いていることとは違います。波多野さんや庄司さんと同じようなものです。売国的行為であると言わざるを得ません。

福井　国際的な場に出て行くと、精神的に持ちこたえられないというのは日本人の国民性なのでしょうか。

柏原　これは間接的に聞いた話ですが、何か問題になると北岡さんが出て行かれて、調整してそれで強引に中国側と決めてしまったようですね。

西尾　つまり、波多野さんや庄司さんや村井さんの文章は、記名で書かれていますが、北岡さんが強引に進めてしまったということですか。

たとえそうであったとしても、波多野さんや庄司さん、村井さんには同情する気にはなれません。仮にそうであるならば、自らの学者の良心に従い、席を蹴って辞退すれば良い話ではありませんか。やっていることは犯罪行為ですよ。

福地　ところが、学者のくせに強者に阿《おもね》る者、言ってみれば曲学阿世《きょくがくあせい》の徒が世にもてはやされる。私らのような客観的な見方を持ち、愛国的な思想を持つ日本人は、「危険分子」とみなされ白眼視の対象にされていく。

西尾　北岡さんはこう述べています。〈南京事件について日本軍の虐殺を認めたのはけしからんという批判がある。先述した通り、共同研究では南京事件にとくに時間をさいて議論してはいない。よく報告書を読んでもらえればわかるが、日本側は、日本側には犠牲者数について諸説あるということを紹介しているだけである〉（『外交フォーラム』）

実際に報告書を読むと諸説あると言っていますが、虐殺がなかったという説は述べていませんね。

福地　「ない」と言っている者が極少数いるが、それは間違いだと言っています。

西尾　さらにこう続けます。

〈ただ、虐殺がなかったという説は受け入れられない。日本の近代史の研究者の中で、南京で相当数の不法な殺人・暴行があったということを認めない人はほとんどいない。それは、戦前から日本の内部でも不祥事として割合知られていた。中国国民党が宣伝に利用したことは確かだが、だから虐殺がなかったということにはならない。

実際、多くの部隊の記録に、捕虜の「処分」に関する記述がある。「処分」のすべてではないにせよ、相当部分は処刑である。捕虜に対しては人道的な対応をするのが国際法の義務であって、軽微な不服従程度で殺してよいなどということはありえない。便衣隊についても、本来は兵士は軍服を着たまま降伏すべきであるが、軍服を脱いで民衆に紛れようとしたから殺してもよいというのは、とんでもない論理の飛躍である〉（『外交フォーラム』）

柏原　この主張の妥当性には大きな疑問を感じます。例えば、アメリカは対テロ戦争においてアフガニスタンで戦っています。アフガンに行き、このことを米軍の将兵の皆さんに言えるのでしょうか。

国際法の精神から言えば、もっと人命を尊重するべきだと言えるかどうか。戦争におけるギリギリの必要性ということを考えるならば、捕虜の「処分」が「論理の飛躍」とまで言えるかどうかです。

そもそも、自由狙撃兵やゲリラ兵に対する処遇は、基本的には即決処分というのが国際慣習であったはずです。

南京事件は、兵士なのか一般人なのかわからないというケースです。確かに見方によっては一般人の虐殺ということが言えるのかもしれませんが、戦時の必要性という点から考えると、必ずしも即決処分というのが悪辣非道な行為だと断罪はできないわけです。

福地　戦時国際法では、兵隊が民間人の振りをして後ろから撃つような、いわゆる便衣兵の殺傷は合法的なことです。

西尾　北岡さんは〈便衣隊についても、本来は兵士は軍服を着たまま降伏すべきであるが、軍服を脱いで民衆に紛れようとしたから殺してもよいというのは、とんでもない論理の飛躍である〉と主張しますが、ハーグ陸戦法規を読んでいるのですかと問いたいですね。海上自衛隊がソマリア沖に出かけた時、自衛艦に背広組が同乗していたそうで、それはうかつだ、銃殺されても文句は言えないんですよ、と教えてくれた人がいます。この厳しさが軍法規なんです。北岡さんはとても法学部卒とは思えません。

中国兵は常に逃亡の用意をしていましたから、軍服の下には民間服を着ていました。いざとなったらパッと脱いで紛れ込むということを行っていました。便衣兵です。発見されれば処刑されても仕方がなかったのです。

したがって、それが大量にいた場合は、兵士と民間人を間違えてしまうことはあったでしょう。起こった間違いはそういうことだったんではないでしょうか。

福地 南京侵略時、軍司令官の松井閣下は何度も投降勧告を出しているんです。それに応じなかった。なぜそのようなことを、日本の学者は口を拭って言わないのですか。共同研究の大事な争点でしょう。

ドイツのプロパガンダ作戦に乗せられた

柏原 北岡さんは、ジョン・ラーベの発言をうかつに引用しているんです。ドイツと中国の関係も見る必要がある。北岡さんは、ドイツは外交的に孤立していた、仲間を作りたくて中国と接点を持ったというんですが、仲間を作りたかったのかもしれませんが、外交的な孤立という点では事実と異なります。

なぜなら、ドイツは戦間期においては、潜在的にラッパロ協定があり、ロシアと強い結びつきがあった。ラッパロ協定とは、一応軍事的な協定で、ドイツ軍の軍人がロシア共産軍の訓練を肩代わりする代わりに、ロシア側が実験施設等を提供するという協定です。つまり、ドイツはロシアとの関係が深かったわけです。それ以前に、英国との間でも、英国商品の大量買い付けを条件に、賠償問題に関しては英国側の支援の約束を取り付けています。孤立していたのはフランスだったのです。

さらに、第一次世界大戦が終わった時にドイツ国内に連合国軍はいなかったという事実にも注目すべきでしょう。それは何を意味するかというと、情報機関がすべて残っているんです。

第一次世界大戦が終わってから、ドイツの情報機関は、とにかくポアンカレが悪い、ユダヤ人が悪い、ドイツは悪くなかった、フランスが悪いという膨大なプロパガンダ作戦に乗り出したのです。それもドイツ語だけではなくて、スペイン語とかそのようなパンフレットにして世界中にばら撒いているんです。

第一次大戦終戦直後のドイツは、一見混乱した状態が継続しているように見えますが、その背後では、ドイツの軍部が財界と結託してうまくコントロールしている気配があるのです。ドイツはソビエトの勢力がドイツ国内で活動することを、当初放任しているのです。それは、ソ連との結びつきを外交上のてこにしようとしていたからです。そして、ある段階まではソ連の革命政権とやり取りをしているんですが、その勢力を、ルール占領を行うフランスと戦わせるんです。それでうまくぶつけておいて、ドイツを守るというきわどい外交を行っているんです。

それから、ドイツの戦間期の在り方というのは、財界の意思が強くてとにかく金儲けだったんです。銭ゲバ資本主義でした。ソビエト・ロシアと組んで経済活動を行うことに、なんの抵抗も感じていませんでした。現在の議論では、戦間期における列強諸国の経済的対立が、第一次大戦以前と同様に大きな役割を演じていたことが忘れられているように思います。そもそも、あのラッパロ協定ですら、戦後の経済復興を話し合うジェノバ会議で、ソビエト・ロシアとドイツの間に結ばれた協定でした。

福地　ウラル山脈の麓に巨大な兵器工場をドイツは作って、戦争の始まる前から再軍備を始めていた。旧ドイツ軍部は残っている。

福井　少なくとも第一次大戦後、ルーデンドルフは、ドイツにとって第一次大戦は休戦だと考えていました。

柏原　そこから中国の状況を考えてみると、ラーベは結局、中国におけるドイツ財界の代表だったわけです。

福地　ラーベの記録はほとんど信用ならないものですよ。

柏原　ラーベの立場から考えれば、ドイツの軍需産業をバックにして中国にいるわけですから、兵器を売りたいわけです。兵器を売りたいがために、日本と中国の間に争いが起きてもらったほうが都合が良かった。

ですから、日本が良い国家だとか素晴らしい国家だということは、ラーベの口からは腐っても言えなくて、とにかく一所懸命日本の悪口を言って、日本の国際的状況を悪くしていくという役割があったわけです。北岡さんたちには、そのようなインテリジェンスの視点が全くないわけです。

西尾　阿羅健一さんの『日中戦争はドイツが仕組んだ』（小学館）に、中国に武器売り込みをする反日ドイツがしっかり論じられていますね。

政治的・外交的武器としての「歴史」

福地　ラーベは国民党諜報部員だったことが判明しているわけですが、そのようなことは全く書かれていません。いずれにしても、一九七二（昭和四七）年九月の田中角栄首相の日中共同声明から三十八年間、日中間には日中平和友好条約（一九七八年十月＝福田赳夫首相）、九五年八月の村山富市首相のお詫び・謝罪談話、九八年十一月の友好協力パートナーシップ共同声明（小渕恵三首相）と一連の中国共産党政府への侵略戦争謝罪・陳謝の条約・共同声明・談話があるのです。

「日中国交正常化以来の日中間の戦争の歴史認識に関する基本精神を堅持」（序文）して共同

研究をしようというのが、この「日中歴史共同研究」の核心的な問題点なのです。

日本国民は真剣に考えるべきでしょう。中国共産党の言う「歴史」とは、韓国も同様だが、彼らの政治や外交に有効となる武器・道具としての「歴史」があって、それが歴史の事実だとか真実だとかには本来関係ないのです。我々が真面目に考えるような「歴史」とは、意味が全く違うのです。

政治的、外交的な武器としての「歴史」とは、言い換えれば「中国共産党の戦略・戦術」のためのものです。我が国歴代政権の不見識が幸いして、中国共産党の武器は三十八年間でますます彼らに有利に研ぎ澄まされてきた事実を回顧することは、非常に重要です。

そのような中国共産党の対日戦略の路線の上に、この「日中歴史共同研究」があるのだから、日本側委員の研究や発言がなぜこのようなものとなったのかわかるというものですが、もし捻《ね》じ曲げられた日本の歴史を正常化したいという良心のある「学者」ならば、このような敵に有利であることが見え見えの政治的枠組みに強く規定された「共同研究」なるものに参加しないのではないか。また、参加すべきではない。

日本側参加者がマルクス主義者の唯物史観の人物であれば、この研究なるものの性格がさらに露骨に表れるでしょう。だから、世界的に「リベラル派」と思われている研究者が、保守系の政治家によって利用されたと言える。

そして、圧倒的多数の政党政治家の歴史認識は、歴史学界主流のいわゆる「定説」に影響されているわけですから、我が国の歴史学界、あるいは歴史を扱う影響力のある文筆家の責任は、実は非常に重大だと言わざるを得ないのです。

西尾　今のは堂々たる立派なご意見です。私は全面的に共感し、そのとおりと申し上げたいと思います。

南京事件の項では、秦郁彦さんが非常に重用されています。ほとんどが秦理論なんですね。秦さんという人は、私は論争したことがあり、つくづく感じたのは、世論が右に行きすぎると自分は左に、左に行きすぎると右にと、たえず立場を変える人なんですね。歴史について足して二で割るような思考をする人です。南京事件についても、時代の変化に応じて虐殺数を適当に変える。歴史を取引のように扱っている。頭が便利にできているせいです。朝日新聞とＮＨＫに出るのが仕事上の狙いなんでしょうね。

そして、「日中歴史共同研究」主導者の北岡伸一さんも同じようなタイプだと私は考えており、そうここでも発言してきました。彼らは「戦後」の病理の典型なのです。占領軍思考そのものなのです。彼らの敗北的思考を日本の歴史の思考から一切排除する時代がこないかぎり、日本は日本に立ち戻ることはないでしょう。

いつかそういう時代がくると思いますよ。彼らは死滅する運命です。同じような意味で、半藤一利さんも加藤陽子さんもこの我々の討議において「徹底批判」してきました。

次章では「日中歴史共同研究」の中国サイドの論文を取り上げ、なぜ日本人の論者がかくも矛盾と欠陥をさらしたかの訳を、その背景からさぐってみたいと思います。

第6章

「日中歴史共同研究」における中国人学者の嘘とデタラメ

「恐日病」だった蔣介石の豹変

西尾　「日中歴史共同研究」批判も第二ラウンドに入り、本章では中国人研究者による報告書を取り上げます。

最初にシナ事変に的を絞って、私たちなりの時代の流れを私が代表して簡単にまとめます。最低でも、この程度の認識を中国側と共有していなくては話は前へ進まないはずだからです。以下は一つの基準、考える目途です。

一九三一（昭和六）年、九月十八日に起きた満州事変から後、日中全面戦争に至る流れの中で見られるのは、日本側の国内世論も中国に対して強硬であり、中国側も反日気運が高まりを見せていたことです。この反日気運は、対華二十一カ条要求から第一次世界大戦の後に起こった五・四運動以来、一貫して続いており、日本人に対する様々な迫害事件も多発し、日本国民も感情的になっていました。

その中心にいた蔣介石の本心は、共産党の支配するソ連地区の征伐が先決であり、国内を統一するまで日本との闘いで一時的に譲歩するのもやむを得ないと考えていたのではないでしょうか。ただ一方で、国内の激しい国民感情に突き動かされてもいました。

福地　実際、蔣介石は「恐日病だ」といった非難も浴びていましたね。

西尾　そうです。蔣介石は国力が十分ではない状態で突っ走るよりも、恥を忍んで日本との戦争は避けるべきだと考えていた。私は、この点が満州事変を考える際の物事の前提だと捉えています。

そのような中、一九三三（昭和八）年に塘沽《タンクー》停戦協定が結ばれ、満州事変はここで終結します。事実、蔣介石は日本の満州支配を黙認し、その後、中国共産党攻撃に走る。江西省南東部にある瑞金にいた紅軍に対して五回目の囲剿《いそう》（＝悪者を囲み滅ぼす）と称する包囲殲滅《せんめつ》戦を展開し、瑞金から延安に向けて毛沢東の長征が始まるわけです。

言うなれば、蔣介石はこの時点では共産党をまず叩くという初志を実行していた。ところが、一九三五（昭和十）年八月にモスクワでコミンテルン第七回大会が開かれ、中国共産党に対して、国民党との統一戦線を図るようスターリンからの命令が届けられます。

その年末には、蔣介石はウィーンでソ連と接触し、ソ連側からは「日本と闘うのであれば援助する」といった明確な提案がなされていました。ユダヤ系イギリス財閥も暗躍して、抗日援助が約束された。その頃、ドイツは蔣介石軍に軍事顧問団を派遣し、武器を売る。

一九三六（昭和十一）年五月に、毛沢東と朱徳は国民党に国共合作を呼びかけ、同年十二月に西安事件が起こります。

ガラッと様子が変わったのは西安事件を経てからでした。この蔣介石監禁密約事件は内戦を停止させ、国共を一致させて抗日へ向かわせた転回点で、真っ直ぐに盧溝橋事件へ繫がっていきます。

西安事件を境に、主戦派がリードし始めたからです。つまり、事件以降の情勢の変化というのは、コミンテルンやその他諸外国に動かされていた主戦派が力を得て、蔣介石を突き動かしたと理解するのが妥当でしょう。それゆえに、盧溝橋の一発の銃弾は共産兵の仕業であったことは、ほぼ定説になっているわけです。

一九三七（昭和十二）年の「最後の関頭《かんとう》」演説における蔣介石の強硬さは彼の本心かどうか摑みきれませんが、とにかく無理をしてでも徹底抗戦を宣言した。それでもまだ、日本と中国の両サイドに戦線不拡大の意思はありました。日本側も東京の大本営だけでなく、現地軍は戦線を拡大するのはまずいと極めて抑制的でした。

福地　歴史を見ていて感じることは、軍人は極めて慎重だということです。ところが、政府が国民（世論）に煽られてしまう。

福井　あとはマスコミですね。

論点先取の虚偽を史的叙述に巧みに用いる中国人歴史家

西尾　蔣介石一派も、日本と戦争しても勝てる見込みはないと考えていましたが、中国世論は反日・抗日の大合唱でした。それでも、日中両国に長期戦を戦う決意も準備もなかったことは、まぎれもない事実です。

そのような中、一九三七（昭和十二）年の八月十三日に第二次上海事件が勃発します。これは、あきらかに中国側から攻撃を仕掛けられた事件です。居留民保護を目的とした上海の日本陸戦隊四千人に対して、蔣介石は三万人の軍勢で総攻撃を行った。それ以前の同年七月二十九日には残虐な通州《つうしゅう》事件が起こり、中国を懲らしめよとの日本国民の怒りの感情が激発し、中国の抗日感情との対立が高まりを見せていました。

実はこの時、日本の政府は主戦派と慎重派の二つに考えが分かれ、関東軍作戦参謀の石原莞《かん》爾《じ》は、すべての居留民を引き揚げさせ、大きな戦争は避けるべきだとしていました。なぜなら石原には、日本の生命線である満州を守りたいという気持ちがあったからです。満州を守ることは、ソ連に対する防衛でもありました。

事実、山東半島の青島《チンタオ》では、平和裏に日本人居留民の引き揚げが完了していたのです。ところがそこへ、一九三七年八月九日夕刻ですが、大山中尉射殺事件が起こる。これで、日本側は出ざるを得なくなった。ここが大きな分かれ目でした。

ではなぜ、中国側があれだけの攻撃を開始できたのか。盧溝橋事件の直後に中ソ軍事密約が締結されて、武器やその他の援助がソ連からなされ、ドイツからは七十人の軍事顧問団が中国に入り、トーチカをはじめ膨大な数の近代兵器を提供していたからです。蔣介石は勝てるとふんだわけです。事実、日本側は援軍を送りましたが、四万人もの死傷者を出す大被害を蒙《こうむ》っています。

その後は、死線を突破し南京まで日本軍が攻略し、一九三七年、近衛内閣の時にトラウトマン和平工作が行われ、蔣介石の心はいったん乗りかかるのですが、日本側が南京まで攻略した後なので、条件を高めるなどしたため和平はうまくいかず、翌年一月に近衛内閣が「蔣介石の国民政府を対手にせず」と声明を出すに至るわけです。

この時も大本営、つまり日本の軍令部は、長期戦を避けるためこのあたりで手を打ったほうがいいとの声が強かったのですが、日本の国内世論による「中国をやっつけろ」との大合唱が、政府と大本営を衝き上げ、結果、世論に煽られた政府の意見が通ってしまった。

結論を申し上げると、日中どちらも戦争をしたくなかったにもかかわらず、中国にはソ連とドイツの後ろ盾、経済的にはイギリスの後ろ盾といった三つの後ろ盾があったために、勢いづいた中国が日本の和平の誘いに耳を傾けず、それがまた、日本の世論の感情を激発して大きな戦争に発展してしまった。一連の流れをそのように理解しています。

以上の流れに四つの重要なポイントがありました。

①塘沽《タンクー》停戦協定で満州事変はいったん終結した、②西安事件で局面が変わった、③ソ連、英国、ドイツの介入があった、④第二次上海事件で蔣介石は十倍もの兵力で総攻撃を仕掛けてきた。

ところが、日本側研究家はこの四点のどれも明言せず、口をぬぐって語らずか、逆のことさえ言いました。とんでもない日本国家冒瀆《ぼうとく》でした。

さて、中国側研究家は、この四つのポイントについてどう語っているでしょうか。

福地　中国人研究者の論考、とりわけ近現代史については、一言で言うと、中国人研究者は論点先取の虚偽を史的叙述に巧みに用いたということです。あらかじめ、自分たちのこうあってほしいと思っている落とし所を述べ、そこへいろいろな脚色をして導いていく手法です。

端的に申し上げれば、近代日本は生まれながらにして侵略主義的な性格を秘め、軍国主義へと努力を重ねた結果、富国強兵を成し遂げ、大陸侵略に乗り出し、悪逆獰猛《あくぎゃくどうもう》な戦争を展開した。この筋道は、明治維新から一貫して引かれていたという論理です。

中国人の歴史研究は一貫して政治プロパガンダ

西尾　日清・日露も全部、侵略戦争だということですね。

福地　さらに、第二次世界大戦は平和を愛する連合国と、戦争好きな人道主義を無視するファシズムの闘いであり、日本は東アジアにおけるファシズムの大立者である、といった連合国の論理が主旋律になっているわけです。

対して「日中歴史共同研究」の日本側座長、北岡伸一東大教授は、報告書（和文）の序に〈学術研究の結果として、今回各論文に最終的に表れているのは執筆者本人の認識であり、双方が同意した共通認識ではない〉といった格好のよいことを言いながら、〈しかし、依然として異なる認識が存在しているものの、研究過程での討論やそこで形成された共通認識がそれぞれの論文の中に体現されていることを強調しておく必要がある〉と述べています。

西尾　日中の共通認識が成立している、と断言しているわけですね。

福地　そうです。生まれながらの軍国主義者であり、世界を征服しようとしていた悪辣《あくらつ》な近代日本であることを、北岡さんをはじめとした日本人研究者も了解し、ファシズム論についても何の疑義も挟まずに認めてしまった。そのことを告白しているのです。

さらに北岡さんは、「近現代史　総論」において〈研究と討論の過程で、大部分の歴史の事実について双方の研究者の理解と認識は同じか、あるいは近いものであり、それは双方の研究者がいずれも歴史研究の基本原則と学術規範を厳格に遵守し、史実を尊重し、事実に基づいて真実を求めたから〉と述べます。

つまり、日本が侵略国家であることも、戦争責任があることも、ファシズムであったことも、大きな見解の違いがなかったというのです。大変な怒りを覚えます。

西尾　この共同研究に携《たずさ》わったすべての日本人研究家は同罪ですね。

柏原　尖閣列島に関しても、「康熙《こうき》・乾隆《けんりゅう》における清代の版図《はんと》」では「台湾と釣魚列島」を含むとされていますが、その文献の根拠は明らかにされていません。このまま報告書の訂正を迫らなかった日本側の研究者に、大きな問題があると思います。

福地　さらに、中国人の歴史研究は一貫して、政治プロパガンダや戦争プロパガンダ、あるいは虚偽の議論を学術的形態をとって、いかにも史実であるかのように展開します。

福井　中国人の得意の戦法ですね。戦争プロパガンダはヨーロッパで誕生しましたが、それを見事なまでにマスターしたのが中国人でした。日本人にはない国民性です。

福地　戦後日本人は愚かにも、日本陸軍が悪辣な行為を働いたという、誰が見ても不可議だとわかるような写真を広めてしまった。朝日新聞をはじめ、ＮＨＫや毎日新聞といったマスコミの罪は極めて重い。

福井　中国側は、「日中歴史共同研究」においても同じようなプロパガンダをやろうとしています。そもそも、日本人研究者は、中国人の特質というものを全く理解していません。

福地　中国人がいかに嘘を平気でつく民族であるか。これは、何も私の独断と偏見で申し上げているのではなく、米国上海副領事を経て福建省の副領事として赴任したラルフ・タウンゼント氏が、『暗黒大陸中国の真実』（芙蓉書房出版）で「嘘をついても嘘だと思わない民族がシナ人である」「彼らと約束はできない」と、詳細に述べられています。

西尾　中国人は市民生活においても、そのような性質ですね。

福地　自分がいかにも正しいことを言っているかのように諺《ことわざ》や格言を使い、老子だ孟子だなどともっともらしく強弁しながら、腹の中では舌を出している。

西尾　そもそも、『論語』は嘘の固まりですから（笑）。

福地　ところが、日本人は有り難がって素直に言うことを聞いてしまう。中国人から見れば、「なんて扱いやすい奴らだ」と思ったことでしょう。

塘沽停戦協定についても、満州事変がここで終結したなどとは一切書かずに、そこから日本の侵略はさらに拍車がかかっていく、と虚偽の記述を巧みに史実化していきます。

盧溝橋事件も、中国共産党の工作員、劉少奇一派の企みについてはおくびにも出さず、ともかく日本がやったんだという論理です。読み進めるのが嫌になるほど、ずっとその調子で書かれているため、逆に彼らがどこに関心を持っているのかがよくわかるわけです。その意味では、とても良い歴史報告書とも言えます（笑）。

西尾　ポイントとなる四点、塘沽停戦協定と西安事件とソ連・英国・ドイツの介入と第二次上海事件については、後に報告書と照らしながら詳しく見ていきましょう。

日本人左翼の研究書が利用された

福地　次に指摘できるのが、中国の歴史的真相を意図的に隠蔽《いんぺい》し、悪いのはすべて侵略国家である日本の仕業にするという巧みな論述法です。

日本は明治初期から侵略主義の体質があると書いている例を挙げます。

北京大学歴史系教授の徐勇氏（他二名）が書かれた「第一部　第一章　近代日中関係のはじまり　近代日中関係の開端」の中に、〈日本人は清のアヘン戦争での失敗の原因を総括したが、多くの人たちが清の失敗に同情した。不幸なことに、清末の中国が弱体化し、敗戦を重ねることにより、多くの征服者たちが機会を見出した。

佐久間象山、吉田松陰等が相次いで対外征服戦争を主張し、福沢諭吉も「脱亜論」で列強のやり方で中国、朝鮮を征服すべきだと主張した。
これらがいずれも中国でその主張を実践する環境と条件を発見し、最終的に日中関係を少しずつ不幸な歴史段階へ向かわせることになった〉

清のアヘン戦争における失敗に、日本の征服者たちの卵が着目したと言います。

確かに、吉田松陰が「とりやすい朝鮮、満州、シナを切りしたがえ」といった意見を述べていますが、それはロシアが沿海州を押領《おうりょう》し、満州に押し入るといった外圧の強さがあったからです。おそらく意図的でしょうが、中国人研究者たちには世界史的視点が全く見えていません。

富国強兵に関しても、吉田松陰の理念に従い、〈山縣有朋、伊藤博文及びその他の吉田の門下生たちは明治政府の指導者になってから、強力な「外征型軍隊」を組織することに尽力し、絶えず外への攻撃をおこなった〉と書いていますが、外征型軍隊に変更していったのは、一八八六（明治十九）年に起きた長崎事件の影響がものすごく大きかった。

福井　清国水兵による暴行事件ですね。

福地　あの事件が清国に対する日本人の警戒感を高め、朝鮮半島問題と絡み日清戦争へと繋がっていく流れを作るわけですが、報告書では〈一八八六年には長崎（清国水兵）事件が発生した〉とたったこれだけです。中国人の隠蔽体質を表しています。

西尾　中国側にとって都合の悪いことは記述しません。通州事件も当然書いていませんね。

福地　琉球についても、〈琉球は悠久の歴史を持っており、中国文化の影響を深くうけた「自為一国」の王国であった〉と中国の文化圏であることを盛んに強調します。

日清修好条規については、〈清政府は（中略）日本を非属国の対等な立場とみなすことを明らかにした。日本は概ね中国側の議案に同意した。故に濱下武志は清政府が条約締結交渉における「主導権」を握っていたとしている〉と新説と思われる記述が見られますが、その下段の注に、龍谷大学教授（元東大教授）の濱下武志氏の著作からの引用であると書いてある。

福井　それは明らかに間違った説ですよ。

福地　西洋の条約システムを学んだのは日本です。それを中国に教え、中国側も了解したからこそ、日清修好条規が締結されたわけです。

西尾　日本人の学者が中国側に塩を送っていますね。それを中国側はすぐ利用します。その他にも、報告書では岩波書店などから刊行された日本人左翼の研究書を参考文献として多用しています。

福地　日本が書いているから、と中国側も喜んで引用するでしょう。彼らは、既成事実化してしまえば有利だということがわかっている。特に、戦前の日本軍国主義に対する記述では、信《しの》夫《ぶ》清三郎《せいざぶろう》の論が柱とされています。信夫清三郎は非常に影響力を持った共産党員です。

西尾　戦後の日本の中学、高校の歴史教科書は日清、日露、満州事変のすべてが侵略だと記述されています。日本の歴史教育が共産主義プラス米占領政策合体のイデオロギーで骨の髄まで侵されていることは、何度強調してもしすぎることはありません。

日本と中国は大陸の戦争の主役ではなかった

柏原　日清戦争について、報告書には〈日清戦争は、近代日本軍国主義が中国、韓国に対して起こした大規模な侵略戦争〉と記述されています。

福地　これを批判しなかった日本側研究者の罪は非常に重い。話になりません。このような例が山ほどある。

柏原　〈辛亥革命は中国における二千年あまりの帝制を終結させたばかりでなく、軍部専制に反対する日本の大正デモクラシー運動の発生をも促した〉という説までさらりと書いてあります。

福地　辛亥革命によってアジアで初めての共和国が成立して、それに刺激された日本の知識人が大正デモクラシーを起こしたと。全部中国が日本に教えてやったんだという言い方です。こんな説は初めて聞きました。これも、北岡さんは「認識の違いはそれほどなかった」というのでしょうか。

西尾 さらに衝撃的な箇所をご紹介します。北京大学歴史系副教授の臧運祜《ゾウウンコ》氏が書かれた「第二部 第一章 満洲事変から日中戦争まで」に、〈一九三一年七月から八月にかけて、日本は中国の東北地区で「万宝山事件」と「中村事件」を相次いで起こした〉とありますね。

これはビックリ仰天です！ 「万宝山事件」と「中村事件」を日本が起こしたとは（全員爆笑）。どんな満州論にも、こんなバカバカしい取り替え物語は出てきませんよ。

福地 この一点をとっても、大激論になってしかるべきです。それをしないということは、日本側が認めたことになる。

福井 先ほども指摘しましたが、俗に「十五年戦争」などという用語を使用する人がいますね。一九三一（昭和六）年の満州事変に始まり、一九四五（昭和二十）年の日本敗戦に至るまでの十五年間を指して、これが日本の引き起こした一連の侵略戦争であった、とする人たちです。彼らの考え方によれば、シナ事変も日米戦争もすべて、日本の行った十五年間におよぶ一連の侵略戦争の中に含まれることになります。

報告書では、中国研究者たちもこの考えに立脚して書いています。しかし、これは全くの間違いです。満州事変は始まりではなく終わりでした。一九二〇年代の中国大陸の混乱に終止符を打ち、東亜に政治的安定をもたらすためにとられた最後の政治的、軍事的解決手段だったのです。

西尾　私が、塘沽停戦協定、西安事件、ソ連・英国・ドイツの介入、第二次上海事件の四点をポイントとしてあげた理由は、日本も蔣介石も本当は戦争をあまりしたくなかった。にもかかわらず、コミンテルンの援助やイギリスの経済謀略やタングステン（特殊鋼の生産に必要な戦略的鉱物）が欲しいドイツの武器貿易などに動かされ、あるいは刺激となって大きな破局へと引きずり込まれてしまう。つまり、日本と中国は大陸の戦争の主役ではなく、主役は後ろのほうで操《あやつ》っていたものという理解です。

塘沽停戦協定について、報告書では臧運祜氏による「満洲事変から日中戦争まで」に、次のように記されています。

〈「塘沽停戦協定」は日本軍と中国の華北当局が調印した「城下の盟」であり、日本の「満州事変」の総括であり、華北侵略の始まりである。岡村寧次は「満州事変から大東亜戦争にわたる長期のわが対外戦における最も重要な境界点であった」としている。第一、この協定は日本軍が「概ね長城の線に帰還」（第三項）と中国側の警察機関により「長城線以南」地域の治安を維持する（第四項）の規定により、「長城線以北に対する支那側の発言権を封じ以て間接に満州国承認せしめたる」ものであった。これより、熱河省を含む長城線（含む）以北の中国華北地域は日本側に偽満州国の「領土」と称されるようになり、長城がその南部「国境」となっ

た〉

日本側はここで満州事変は終了したという意識を持っているわけですが、そうではなく、日本の侵略の出発点だったという規定です。その後も〈偽満州国傀儡政権に対し〉や、〈偽満州を作り出したことの必然的帰結である〉とか、〈溥儀が偽満州国の皇帝に就任する〉というふうに、「偽満州国」という言葉が繰り返し何度も出てきます。

全くあべこべな盧溝橋事件の解釈

柏原　西安事件については、〈全国の抗日救亡運動の高まり、中国共産党の「逼蔣抗日」方針、そして綏遠《すいえん》抗戦勝利の影響によって、張学良、楊虎城が率いる東北軍、西北軍は12月12日、西安で蔣介石に対する〝兵諫〟（武力によって主君を諫めること）を起こし、全国に向けて「内戦停止、一致抗日」の主張を提起した。西安事変勃発後、周恩来ら中国共産党中央代表の苦難に満ちた努力によって、蔣介石は基本的に条件を受け入れ、26日南京に戻った。西安事変の平和的解決は中国時局を転換させる契機となった〉

蔣介石は軍門に降ったと書いてあり、これは事実としては間違いではありません。

さらにこう続きます。

〈満州事変以降、日本が全面的に中国侵略を速めたことは、中国政局を分裂状態から急速に統一へと向かわせる外的要因となった〉

西尾　これは、前にも説明したとおり全くの逆で、コミンテルンの指導により、急速に中国側が国共合作で統一を強めてそうなったために、日本側は防衛戦を始めなければならなくなったというのが、話の筋です。なのに、日本側が全面的に中国侵略を早めたことが、中国政局を分裂状態から急速に統一へと向かわせる。それが西安事件以降の大きな流れだという、中国側に都合の良い逆の説明に終始します。

福地　コミンテルンの世界戦略を抜きにして、西安事件を語ることはできません。細かなことを特筆大書して二、三ページにわたって書いているにもかかわらず、肝心の西安事件はたった六行という体たらくです。

日本の政府および研究者が、これに乗ったバカさ加減がはっきりわかる。とにかく、中国側の言いたい放題です。

福井　ここで盧溝橋事件について指摘させてください。

中国社会科学院近代史研究所の栄維木さんが書かれた「第二部　第二章　日本の中国に対する全面的侵略戦争と中国の全面的抗日戦争」に、〈日本軍の演習陣地より銃声が聞こえてきて、日本軍は1名の兵士が失踪したと称した。（中略）日本軍は沙崗から宛平城に向けて砲撃した。

ここに至って、7日夜から始まった盧溝橋事変は日中全面戦争の幕を開いたのである〉と記されています。

さらに、〈表面上は、盧溝橋事変の発生は日本軍の演習の際に起きた「銃声」により引き起こされたものであり、その「銃声」がどこから発せられたかについて、現在にいたるまで詳細な史料は見つかっていない〉と、直接の引き金を引いた犯人は誰か、という点については曖昧にぼかしながらも、その盧溝橋事件の全体を次のように性格づけます。

〈盧溝橋事変を個別事案とすれば、その発生は偶然性を持つかもしれない。しかし、以下のような事実は、盧溝橋事変の発生が日本の中国侵略政策と相当深い関係があることを説明している。しかも、この事件はたちまち日本の全面的中国侵略戦争を招いた。このため、歴史の推移過程からみれば、盧溝橋事変は必然性をも帯びている〉

つまり、日本の参謀本部が盧溝橋事件のずっと以前から対中国作戦計画を練っていて、戦争準備をしていたのは日本であり、どんな些細《ささい》なきっかけでも、それを口実に対中国侵略戦争を起こすつもりだったと述べています。

柏原　あべこべです。「盧溝橋のずっと以前から中国が対日本作戦計画を練っていて、シナ事変を引き起こす戦争準備をしていた」としなければおかしいですね。

福地　盧溝橋から第二次上海事件まで、日本がこうやったんだという論点先取の虚偽を見事に展開しています。

盧溝橋事件の翌日に中共中央は徹底抗戦を各支部に通電

福井　ここで、盧溝橋事件の史実を振り返っておきます。

一九三七（昭和十二）年七月七日の夕方、この日百五十名の日本兵は、北京郊外の盧溝橋近くで軍事演習を行っていました。この北京の日本軍は、義和団議定書によって駐留を認められた守備隊です。他の列強諸国の軍隊と同様、自国の居留民を保護するために北京に駐留していました。

いつものように、中国側当局は日本側から前もって連絡を受けていました。演習なので日本軍は実弾を携行しておらず、空砲を使用していました。この日夜遅く、二十九路軍第三十七師団の中国兵が日本に銃弾を浴びせてきました。日本軍は実弾を持っていなかったので反撃できず、退却して援軍と合流し、それから応戦しました。

福地　七月七日に盧溝橋事件が起こり、翌八日に中共中央は徹底抗戦を各支部に通電している。翌日ですよ！　日本軍としては現地協定、停戦協定をなんとか結ぼうと努力していた。ところが、すでに九日に蔣介石は動員令を発している。

福井　その九日に中国共産党二十九路軍代表責任者と日本軍との間で休戦協定が結ばれ、戦火はいったん止みました。ところが、十日になって中国兵が突如休戦協定を破り、迫撃砲で日本軍を攻撃したのです。

福地　十一日には、現地解決のため、日本では近衛訪中計画が立案されていますね。参謀本部の石原莞爾作戦部長の建策により、飛行機まで手配したのですが頓挫してしまう。

西尾　同日には、盧溝橋で松井・秦徳純《しんとくじゅん》停戦協定が結ばれています。

福地　東京ではこの日午前の五相会議において、中国軍の謝罪、将来の保障を求めるための威力顕示のための派兵も已《や》むなし、と陸軍三個師団の動員を内定した。しかし、シナ駐屯軍から現地停戦協定が成立した旨の報告が入ったので、軍部は一応盧溝橋事件の解決と認め、内地師団に対する動員下令計画を見合わせた。

　ちょうどこの頃、中国共産党宛コミンテルン指令の骨子「日支全面戦争に導け」が出されます。盧溝橋事件があった四日後です。

　盧溝橋事件の一週間後の十五日には、中国共産党が国共合作宣言を公表。さらに十七日、蔣介石と周恩来の盧山談話（四原則の声明）があり、蔣介石「対日抗戦準備」「最後の関頭に立ち向かう」応戦声明を発表します。

　十九日までに、蔣介石軍は三十個師団（約二十万）も北支に集結、うち約八万を北京周辺に配備。この日、南京政府は、この事件に関する地域レベルでの決着は一切認めない、東京は南京と交渉しなければならない、ときっぱり日本に通報してきました。つまり、現地協定拒否の表明です。

西尾　二十日、中国軍は盧溝橋付近で日本軍に対する攻撃を再開します。

二十一日には、蔣介石は南京で戦争会議開催、日本に対して戦争の手段に訴えると公式採択します。

国民党は満を持してシナ事変に臨んだ

福地　このような流れを見ると、すべて共産党がヘゲモニー（覇権）を握り戦争に流そうとしていることがわかります。その流れの中で、遂に挑発事件が起こるわけです。二十五日に廊坊《ろうぼう》事件、翌二十六日に広安門《こうあんもん》事件という中国兵の奇襲、そして二十九日に起こったのが通州《つうしゅう》事件です。これで日本はもう出ざるを得ない状況になった。

福井　七月七日に最初の銃声が轟《とどろ》いてから、日本は援軍派遣の命令を出すまでに三週間も経過しています。その間、なんとかして軍事的衝突を回避し、平和的な解決に導こうと必死の努力をしていました。ところが前述のとおり、南京の蔣介石政権は、わずか二日後の七月九日にはもう動員令を出している。蔣介石政権は戦争を熱望していたのです。

福地　八月五日には、一万人の日本民間人が居住している天津日本租界が襲撃されます。打ち続く残虐な事件の後を追って八月九日、上海国際租界で日本海軍士官大山勇夫中尉、斎藤與蔵一等水兵殺害事件が突発。ついで起こったのが、八月十三日の第二次上海事件です。

このような経緯が、報告書には全く記述されていません。これのどこが、「お互いに認識がほぼ同じだった」などと言えるんですか。日本の主張が一切ないじゃないですか。盧溝橋から上海事件に至る経緯一つとっても、こんなものは「共同研究にならない！」と、席を蹴って退席すべきですよ。

西尾　全くおっしゃるとおりですね。

第二次上海事件については、報告書で次のように記されています。

〈日中戦争の拡大にともなって、日本は侵略の矛先を長江流域に向け始めた。すでに1936年8月に参謀本部が制定していた1937年度の対中国作戦計画のなかに、上海、南京を占領する計画が盛り込まれており、その主要な戦略構想は「第九軍（三コ師団）をもって上海附近を占領する……新たに第10軍（二コ師団）を杭州湾に上陸させて、太湖南側から進め、両軍策応して南京に向かい作戦し、上海、杭州、南京を含む三角地帯を占領、確保するよう計画した」というものであった。盧溝橋事変が発生した後、日本軍は基本的にこの作戦計画に従って

行動したのである〉

盧溝橋事件から上海事件に至るまで、日本軍は作成した計画どおりに上海を占領し、南京まで攻め入る予定でいたというのです。

私が前に、第④のポイントとして指摘したとおり、上海の日本軍陸戦隊がわずかの兵力で居留民を守っていたところへ、蔣介石が大軍を投入した。当然、日本は増兵します。そこから全面戦争になったというのが真相です。

福地　軍部が作った作戦というのは、仮想敵国に対する想定作戦ですから、相手がこうきたらこう抑えるといった幾通りもの作戦を作成するわけです。軍人は非常に慎重です。ところが、中国側が言うことは「書いてあるとおりになった、だから侵略ではないか」との論理です。

日本の戦前の政府や軍部は、非常に詳細に世界を分析していたわけです。それをもって、当初から侵略主義の芽がこの作戦書にも、あの意見書にも書いてあると言って、これこそが日本政府や日本国の国論であり、明治・大正・昭和までそれが一貫して続けられたという調子で書く。

福井　上海事件では、居留民保護を目的としていた日本軍の陸戦隊に対して、ドイツ軍事顧問団の訓練を受け、ドイツ製などの最新の兵器を持った三万の中国軍が突如攻撃を加えてきます。とりわけ、ドイツのゼークト将軍の意を受けたドイツ軍将校が、国民党軍に熱心に戦術を授けていました。国民党の指導者たちが、日本と戦争をしようという誘惑に駆られるのも無理はありません。シナ事変が起こった時、国民党はまさに満を持していたのです。
ここからも、栄維木氏の「盧溝橋のずっと以前から日本が対中国作戦計画を練っていて、シナ事変を引き起こす戦争準備をしていた」という論理が、いかに現実とかけ離れているかが一目瞭然です。

西尾　おっしゃるとおりですが、ここで公正を期すために、栄維木氏による報告書には良い面もあるということをご報告します。

〈盧溝橋事件発生後、ドイツは、日本が中国で大量に兵力を展開することで、ソ連に対する圧力を弱め、将来ドイツが欧州戦略を行う際、極東における兵力のバランスが欠けることを恐れた。ドイツはグローバルな戦略的見地から、日本が中国で全面侵略戦争に動くことを阻止しようとした。7月末、ドイツの外務省は日本の駐独大使武者小路に出頭を求め、ドイツは日本が中国侵略戦争を発動することに決して賛成してはいないと表明した〉

これは、その時点でそうでした。ヒトラーが出てくる前の段階です。
さらに、タングステンについての記述も見られます。
〈蔣介石はドイツの軍事顧問を招聘《しょうへい》したばかりでなく、ドイツの兵器を大量に購入したので、中国がドイツの兵器ダンピングの最大市場になった。中国はまたドイツのタングステン、アンチモンなど戦略的工業原料の主要供給地でもあった。ドイツは中国との間にこのような利害関係があったため、盧溝橋事変が発生した後も、中国と決裂することを望んでいなかった〉

ドイツと中国との関係は、大変重要なポイントです。それを中国側はきちんと書いている。ところが、日本人研究者の記述には一切書かれていません。

第二次大戦というキリスト教国の内戦に日中は巻き込まれた

福井　全体を総括すると、シナ事変は欧米列強諸国の世界戦略の一環として引き起こされた争いです。ソ連がコミンテルンの世界戦略のもとに張学良を裏から操り、西安事件を起こさせ、シナ事変へと導いた。同様に、イギリスとアメリカも蔣介石を援助して、日本にけしかけようとしていました。

蔣介石はアメリカの国民感情が伝統的に中国びいきであることを知っていました。彼の妻、宋美齢は浙江財閥の娘でアメリカに知己《ちき》も多く、彼女のロビー活動を通じて世界中に徹底した反日の情報宣伝戦略を展開させました。日本と対立している列強を巻き込んで日本と戦わせようとする蔣介石の思惑と英米の思惑がリンクし、対日包囲網戦略が形成されたと見るべきでしょう。

西尾 仲小路彰《なかしょうじあきら》の新しい復刻本『第二次大戦前夜史 一九三六』（国書刊行会）に、「張学良は、今や英米ユダヤ工作により、共産軍との秘密協定が成立した」と述べた後の「英米の蔣工作」の章で、次のように記されています。

「宋子文は、今回の事変による支那財界の混乱を防止するため、イギリス系銀行の援助を求めた。すでにイギリスはむしろ背後にあって、西安事変を画策しつつあり。この危機に乗じ、一挙にシナの金融経済力を独占せんとするのであった。かくてイギリスは積極的に国民政府を援助することに決心した。（中略）

イギリス系のユダヤ人ドナルドは、さきに学良の顧問であり、今や南京政府の顧問であり、宋美齢の愛人であると云はれる彼は、張学良との折衝のため、十四日、――洛陽から西安に飛行機で急行した。

宋美齢は、蔣介石及び張学良に長い手紙を書き、それをドナルドに携行せしめた。張学良宛ての彼女の手紙には、彼の行為が国家の統一を破壊するものであり、遅くならないうちに考を改むべきことを要望した」

張学良とイギリス系ユダヤ人が、非常に深く組んでいることを書いています。さらに、それがコミンテルンとも繫がっているという。

つまり、イギリスとソ連が大陸で連携したことにより、いち早く第二次世界大戦で英米ソが手を結び、反独同盟ができるという信じられない構造が生まれます。それまでは独ソが手を結んでいたため、イギリスが接近してもソ連は避けていた。ところが、日本が参戦する前後になって突如として英ソが手を結んだ。

欧州大戦と極東の戦争は不可分の関係にあった。そして、それは日米戦争とも切り離せない。欧州戦争とシナ事変と日米戦争は、全体として考える必要があると思います。

福井 日本にドイツと組んでヨーロッパの戦争に介入してこられたら、困るのは欧米列強です。三国同盟で日本をシナ事変の泥沼に引き込み、中国大陸に縛りつけておくほうが英米にとって都合が良かった。この点、英米の利害は一致していました。英米は、日本と中国の和解調停などに本気で協力する気などなかった。むしろ、援蔣ルートでシナ事変をさらに煽りたてようとします。

ちなみに、日本とドイツが締結した三国同盟は一九四〇（昭和十五）年九月ですが、それ以降、ドイツはヒトラーの命令で中国に対する援助は打ち切ります。

西尾 しかし、それまでのドイツのやり方が酷《ひど》いんですよ。一九三六（昭和十一）年十一月二十五日に日独防共協定を結んでおきながら、中国へ軍事顧問団を送り込み、巨額の援助を行っている。そして、中国から農作物などを買っていた。その代わり、タングステンを手に入れて武器、弾薬といった援助をし続ける。上海では、ドイツ指導のトーチカや、持ち込んだチェコ銃が日本軍を苦しめました。

福井 日本は戦争を避けようとしていたが、欧米の戦略に巻き込まれてしまったわけですね。

西尾 と同時に、中国大陸において日本も中国も主役ではなかった。大勢の犠牲者を出したが、日中は脇役だった。第二次世界大戦というキリスト教文明圏の「内戦」に、日中両国は巻き込まれてしまったのです。

中国を突破口としたコミンテルンの世界戦略

柏原 現在の昭和史における議論で、何がいちばん欠陥になっているかというと、大前提としてコミンテルンに対する認識の甘さがあります。コミンテルンがいかに世界に大きな影響を与えていたかということが、議論されていない。この点に最も大きな問題があるのではないか。

その意味で言えば、報告書で述べられている第一次世界大戦以降の歴史の記述は、純粋なフィクションと言っても過言ではありません。

一九二〇年代初頭、二一年、二二年の段階で、コミンテルンがどのような組織であったのか。二二年末のコミンテルンとは、東洋部と西洋部に分かれていました。東洋部は本国のモスクワが管理しており、西洋部は主にベルリンの管轄。さらに、東洋部は中国課、日本課、英領インド課など、七課に分かれます。

一方、西洋部はドイツ課、ポーランド課、スペイン課、フランス課、イギリス課、アメリカ課など、十八課に分かれている。一九二二（大正十一）年には、すでに国別の組織が形成されていたのです。

一九二二年といったら、ワシントン会議の時代です。その時期に、すでにコミンテルンは組織をここまで拡大させ、積極的に活動していたわけです。

西尾　一九一七（大正六）年のロシア革命から、わずか五年ですね。

柏原　そうです。ものすごくペースが早い。今、我々が討議している時代は主に三〇年代ですが、二〇年代初期に、コミンテルンはここまでネットワークを広げていたことに注目すべきです。

しかも、プロパガンダ局の主要メンバーを挙げると、ジノビエフ、ラデック、チチェーリン、ルナチャルスキー、リトビノフ、クラーシン、といった非常に有名な革命家が多い。彼らは、ロシア内戦が終わってまもなく一斉に動き出している。そのような全体の構図があるんです。

その時の共産主義の状態はどうだったかというと、やはり一つの大きな幹として、先ほど西尾先生がおっしゃったロシア革命が一九一七年に起こります。その二つの大きな枝として、一方ではドイツ革命があり、もう一方では中国の革命に対する取り組みがあった。

当時のドイツでは、共産主義に対してモスクワから、とにかく革命を起こせ起こせと頻繁に指令が届いていました。ところが、それがドイツでは失敗続きだった。

その一方で、一九二三（大正十二）年には孫文・ヨッフェ共同宣言が行われている。つまり、ドイツでは失敗したため、今度は中国にという形で世界の共産化が始まる大きな転換期だった。

そういった現実があり、先ほど述べた南京事件や漢口事件なども発生します。この対応に失敗した若槻《わかつき》内閣は退陣、田中義一内閣が成立します。田中義一内閣は山東出兵を行い、派兵をする。

田中義一は陸軍出身です。つまり、日本の陸軍は共産主義が邪悪で厄介な組織であるということを理解していたんです。英国でも赤化の脅威に対抗すべきという意見があり、田中義一内閣の時、日英同盟の復興が真剣に議論されているわけです。ところが、それに反対したのが外務省であり、外務大臣の幣原喜重郎《しではらきじゅうろう》でした。日英同盟が再び締結されなかったのは、外務省の怠慢なのです。

日露戦争の時の外務省の働きと、その時の幣原外交の劣悪さは比較になりません。

西尾　それが、三〇年代の満州事変後の西安事件を経て中国がコミンテルンの国共合作に走り、一斉に中国大陸で暴れだすということへと繋がっていくわけですね。

柏原　そうです。共産主義の早い拡大に対応できなかったところが、日本にとって大きかった。

もしそこで日英同盟が結べていれば、三〇年代は全く違った世界になっていたでしょう。

日本人研究家の重大な責任

福井　中国人研究者には、そのような世界史的な視点が全く欠けています。彼らの視点は「シナ事変および大東亜戦争は日本が仕掛けた侵略戦争である」という固定観念に終始しているわけです。それは、次回で申し上げる南京事件についても同様です。

つまり、繰り返し申し上げますが「最初に結論ありき」で、この結論を導くために都合の良い論理のみに重点が置かれ、そのためには誰が見ても納得せざるを得ない客観的史実すら、故意に無視されるか、あるいは改竄《かいざん》されているのです。

福地　論点先取による歴史叙述が、彼ら中国人研究者の本質的な特色です。

福井　彼ら中国の論客たちが、現在の中共の国策に沿って世論作りに協力させられているのなら、彼らの歴史解釈なるものは、単なる政治の道具になり下がってしまっている、といってよい。歴史学という学問が政治の側女《そばめ》になっているわけです。

もっとも、このよう歴史解釈の傾向は、現在の中国に始まったことではありません。中国の歴史というものは古来から、新たに成立した王朝の正当性を権威付けるために書き換えられるのが通例でした。新たに興った王朝は、前王朝を皆殺しにするのみならず、「天命が革《あらた》まる」として、前王朝の歴史をすべて否定しなければなりませんでした。

そして、自分たちにとって都合のよい歴史を新たに作り出さねばならなかったのです。しかし、逆にいえばそれは、歴史が政治の道具として最も都合よく使い分けられる、「魔法の杖」に転落してしまうことと表裏一体でした。

これでは、いつまでたっても中国には正常な学問としての歴史学など生まれるはずがない。

このたびの日中歴史共同研究における中国側の論説を見ていて、中国がこのような事実を大きく歪曲した歴史解釈に固執し続けるかぎり、彼らが真に曇りなき歴史認識に到達し、真の意味での近代国家に生まれ変わるのは、当分無理でしょう。

西尾　日本側研究家は、以上のようなことがわかっていなくてはなりません。わかった上で必死に反論し、対立し、個別の問題点で言うべきことを言っておくという記録を報告書に残すのなら、日中歴史共同研究にも多少の意味はあるでしょう。

しかし、実際には全くそうではない。中国側の敷いた日本侵略戦争説のマットの上に乗ってその上で跳びはねているだけで、しかも個別の問題点にいちいち反論し、修正反駁《はんばく》することもありません。

私が冒頭に掲げたシナ事変の四つのポイントを、中国側が完全に無視したことは皆さんの説明でわかったでしょう。しかし、問題は日本側がそれに同調していたことです。まるで口裏を合わせたみたいです。

はっきり申しますが、日本側研究家は、日本の歴史と国民に対するこの責任をどう取ってくれるのでしょうか。取り返しがつかないのです。大学を辞めるとか、公職を離れるとか、それくらいの責任の取り方をなさったとしても、もう間に合わないくらいですよ。

プロパガンダの史実化を許すな

西尾　ここまでは、シナ事変における重要なポイントとして、塘沽停戦協定、西安事件、ソ連・英国・ドイツの介入、そして第二次上海事件の四点を中心に討議を行いました。

この四点における日中両国における共通認識が共同研究上の最低の条件である、と我々は主張しましたが、「共同研究」ではそんなことは意に介さず無視されたことを遺憾としました。それでは、ここでその続きを議論したいと思います。

福地　前回の四つのポイントに、さらに重要な点を三点ほど付け加えたいと思います。まず第一点目は、評価が水と油に分かれる華北分離工作です。

日本の左翼やシナ共産党の見解では、華北分離工作とは、中国大陸への侵略工作だとしています。

報告書では、北京大学歴史系副教授の臧運祜氏が「第二部　第一章　満州事変から盧溝橋事件まで」の中で、〈日本の華北分離工作〉との見出しで約一ページ半にわたり、非常に細かく記述しています。ところが、肝心の中国による度重なる停戦協定の無視といった史実については、一切記述されていません。

福井　日本は華北五省（河北省・察哈爾《チヤハル》省・綏遠《すいえん》省・山西省・山東省）で、親日的な防共政権を築くべく政治工作を行いますね。それは満州を守るための工作であり、中国を侵略する意図などありませんでした。

福地　中国は協定をことごとく踏みにじり、ゲリラ作戦を展開します。報告書では、華北分離工作の名の下に、日本軍が北京に向かっていかにテリトリーを広げていったかといったことが、〈梅津—何応欽《かおうきん》協定〉や〈土肥原—秦徳純協定〉、〈「冀察政務委員会」〉など、詳述されるのですが、シナ大陸における内部事情が日本を華北分離工作に駆り立てたという肝心の事情がすっぽりと抜け落ちています。自分たちに有利な歴史を組み立てる、プロパガンダの史実化の良い例です。

西尾　本来であれば、その中国側の手前勝手な記述に対して、日本人研究者が厳しく批判しなければならないはずなのですが、それが全く行われていません。

福地　それればかりか、第5章でも指摘したとおり、日本側座長の北岡伸一さんは、〈研究過程での討論やそこで形成された共通認識がそれぞれの論文の中に体現されている〉と言う始末です。話になりません。

アジビラのレベルで歴史家の文章ではない

西尾　私が中国人研究家による報告書を読んでいて、「おやっ」と意外に思った次のような点があります。それは、報告書の書かれ方についてです。私は最初これを読み出す前に、中国人研究家による記述は、日本軍と主に戦ったのは毛沢東の共産党軍である、と一方的に主張されているとばかり思っていました。

ところが、実際にはそうとは書かず、正直に蔣介石の国民党軍が主に戦ったと書いています。つまり、国共合作の立場、中国愛国の立場から書かれているのです。これにはとりあえず注目しました。

では、毛沢東思想は全く捨てられたのかといえばそうではなく、蔣介石は国共合作で共産党の軍門に降り、最終的には共産主義が中国を統一してすべてが大団円となったという論じ方です。つまり、中国側の意図するところは、最終的には共産党支配に行き着くため、途中で蔣介石を泳がせておいても、別に構わないとの考え方なのでしょう。

さらにもう一点、ここにこそ最大の問題があると思ったのは文章なのです。文章に論者の人格のすべてが表れるのは、日本語でも中国語から日本語への翻訳文でも事情は同じです。執筆者によって論文のレベルが非常に異なるのはそのためです。

最も酷いのは、討議の冒頭、福地さんがおっしゃった北京大学歴史系副教授の臧運祜氏の文章です。

福井　彼は、「万宝山事件と中村事件は日本が引き起こした」と、トンデモ論を書いた問題の人物でもありましたね。

西尾　そうです、そうです。以下に悪文の一例を挙げます。

〈満州事変後、中国は「国難」の時期に入った。日本帝国主義と中華民族の矛盾は、次第に中国社会の主要な矛盾となっていった。国難が降りかかり、民族存亡の危機にさらされた時、中国各界の人民は抗日救亡運動を起こした。東北陥落区の人民は抗日闘争を行い、中国人民による局部抗戦の序幕を開いた〉

あるいは〈日本帝国主義とその傀儡政権の植民統治に抵抗するため、東北陥落区の人民は十四年にも及ぶ抗日闘争を行った。満州事変後、一部の東北軍の将兵と東北各民族各界の民衆がまず自発的に立ち上がって多くの人数からなる「東北義勇軍」を組織し、１９３２年夏には30

余万人に達した〉。

福地　ほとんどアジビラですね。

西尾　すべてがこの一本調子で、我は善、敵は悪の幼い攻撃スタイルで延々と書かれているため、読む気になれません。これは歴史家の文章ではない。文体がすべてを語るというように、原文があまりにも酷いため、翻訳をいくら上手にしてもこのような悪文となるのでしょうね。

中国側の言いたい放題

福井　ここで「第二部　第二章　日本の中国に対する全面的侵略戦争と中国の全面的抗日戦争」において、中国社会科学院近代史研究所の栄維木氏によって書かれた南京事件について、論じたいと思います。

報告書では約三ページにわたり、日本軍がいかにして南京で大虐殺に及んだのかということが特筆大書されていますが、案の定、想定どおりの記述がなされています。

〈捕虜と民間人に対して狂気じみた虐殺を行ったほか、日本軍は南京を攻撃し占領する過程で、公然と中国の婦女を強姦した〉とか、〈日本軍は兵士による勝手放題の強姦が性病を伝染させ、戦闘力を低下させることを恐れたため、南京を占領してまもなく南京に慰安所を設置しはじめ、多数の中国人女性を強制的に日本軍の性奴隷とした。日本軍が南京を攻撃し占領した後、放火と掠奪が日に日にエスカレートした。英米人の住宅を含めた公私の建物がいずれも日本軍の掠奪と焼き討ちの標的となった〉などと、全くのデタラメ。とにかく中国側の言いたい放題です。

柏原 ここでも、やはり日本人研究者の著作を用いていますね。

〈南京を攻略した後も、日本軍は相変わらず捕虜をまとめて虐殺しつづけた。第13師団の山田支隊は日本軍の入城式の前日、揚子江沿いの幕府山の麓で数回に分けて約2万人を虐殺した〉と記し、注釈に都留文科大学名誉教授、笠原十九司さんの『南京難民区の百日』（岩波書店）からの引用と書かれています。

福地 中国人研究家からすれば、日本人も虐殺を認めているではないかということですね。日本側座長の北岡伸一さんは、南京虐殺について次のように述べています。

〈中国側は、日本側が日本の侵略を認め、南京虐殺の存在を認めたことが共同研究の成果だといっている。しかし日本側はそんなことは共同研究を始める前から当然のことと考えていた。実際、日本の歴史学者で、日本が侵略をしていないとか、南京虐殺はなかったと言っている人は、ほとんどいない。

ただ、専門家以外には、日本の侵略を否定し、また南京虐殺の存在を否定する人もいる（中略）日本の誤った過去に触れるのは愉快でないが、事実を直視せず、自らの過ちを認めないのはもっと恥ずかしいことだと思う〉(「読売新聞」(二〇一〇年四月十八日朝刊「地球を読む」)

だが、ちょっと待ってくださいよ、と言わざるを得ません。満州事変以降、大敗北までの歴史認識に関しては、一九八二(昭和五十七)年の夏に起きた「歴史教科書誤報事件」を真摯に回顧する必要があるでしょう。多くの識者の記憶には、いまだに鮮明に残っている事件です。あの時、文部省が高等学校歴史教科書の記述にある「日本軍の大陸侵略」を「日本軍の大陸進出」に書き換えさせたと、全国各紙が大々的に報道したことに端を発したあの事件です。これが近隣諸国を刺激して、あっという間に大きな政治・外交問題に発展した。

この事件はすぐに重大な誤報と判明し、文部省の担当官が「書き換えの事実はない」と国会で答弁している。それにもかかわらず、鈴木善幸内閣の官房長官・宮澤喜一は、「中韓の批判に耳を傾け、政府の責任で教科書を是正する。そのために検定基準を改める」との政府声明を発表し、そそくさと、教科書検定基準にいわゆる「近隣諸国条項」を追加して、侵略戦争国家・日本を許さないと強弁する中国、韓国のご機嫌をとって紛糾を収めようとした。これは、国家の主権である歴史解釈権と教育権への外国のあってはならない内政干渉を許してしまった、軽率というよりも甚だ重大な失策でした。

だが、その後も一切の反省の弁を発しなかったにもかかわらず、宮澤は内閣総理大臣にまで栄進しましたから、これは日支間にある種の「秘密協約」のようなものがあったのかもしれません（笑）。

中共、韓国の反日攻勢が高まるのも、この事件が大きな出発点をなしている。鈴木内閣の後を継いだ中曽根康弘内閣の時に、近隣諸国の対日攻勢は勢いを増し、いわゆるA級戦犯の合祀を理由に靖国神社を否定して、無宗教の国立追悼施設を創設しようだとか、首相、閣僚の靖国参拝は自粛しようだとか、国会におけるあの大戦への性格規定、つまり「日本の一方的な侵略戦争」だったという政府見解の形成も、まさにこの時点から亢進《こうしん》していったのです。

新聞誤報事件も、政界における中国、朝鮮への屈服姿勢の亢進も、単に日本側だけの知的怠惰や愚行によるというよりも、中国共産党の思想戦的対日工作という背景があるものと私は見ています。

ところで、我が国の公教育の歴史教科書に「南京大虐殺」の記述が登場してあっという間に定着し、今に継続するのもこの事件がきっかけだったのです。南京事件を徹底的に研究されている亜細亜大学教授の東中野修道さんが、当時の蔣介石の諸声明や、中国の国民党や共産党が発信した諸情報や、欧米や中国の諸報道を精査し、そこに「南京虐殺事件」の記述はほとんど登場せず、日本軍や日本側報道関係者の記録や証言等にも有意な「虐殺情報」は見当たらないことを論証されている。

それにもかかわらず、文部省検定教科書には、この段階から「南京大虐殺」の記述が一斉に登場して、虐殺人数の多少はあるにしても、教科書に定着し続けている。このことの意味を歴史家や政治外交の研究者は真剣に捉えるべきなのに、少数意見であるから無視できると発言するとは、いかがなものか。学問の真偽が多数決で決められるのか。

「南京虐殺事件」は、中国共産党外交の切り札、恰好の主題として利用されているわけです。彼らは、歴史を強引に捏造している。ですから、〈事実を直視せず、自らの過ちを認めないのはもっと恥ずかしいことだと思う〉などとピントの外れた戯言を発する暇があるなら、東中野さんの命をかけた研究成果や、南京虐殺に疑問符を投げかける日本側研究者たちの論考に着目して、シナ側研究者の意図を見据えて厳しく反論すべきではないのか。シナの歴史偽装を見抜けない北岡さんが、シナ共産党政府の常套句である「事実を直視」せよなどと言うのは、笑止千万です。

虚偽のプロパガンダで作られた南京事件

西尾　以前にも言いましたが、歴史の専門家が一般の人より歴史を知っているという証明を先にしてもらわなければなりません。宗教学者が一般の人より宗教がわかっている、と必ずしもいえないことと実は事情は同じなのです。歴史学者にとって、歴史は信仰みたいなものですからね。

北岡さんは、〈南京事件について日本軍の虐殺を認めたのはけしからんという批判がある。（中略）共同研究では南京事件にとくに時間をさいて議論してはいない。よく報告書を読んでもらえればわかるが、日本側は、日本側には犠牲者数について諸説あるということを紹介しているだけである〉（『外交フォーラム』）と述べています。

報告書では、確かに諸説あると言っていますが、虐殺がなかったという説は述べていません。世の歴史学者にとって、歴史は学問ではなく単なる信仰だというういい証拠ですよ。存在しているものを存在していないと言っているのですから、非科学的なのです。

柏原　筑波大学大学院教授の波多野澄雄さんと防衛研究所上席研究官の庄司潤一郎さんは、報告書（和文）の中で次のように述べます。

〈日本軍による捕虜、敗残兵、便衣兵、及び一部の市民に対して集団的、個別的な虐殺事件が発生し、強姦、掠奪や放火も頻発した。日本軍による虐殺行為の犠牲者数は、極東国際軍事裁判における判決では20万人以上（松井司令官に対する判決文では10万人以上）、1947年の南京戦犯裁判軍事法廷では30万人以上とされ、中国の見解は後者の判決に依拠している。一方、日本側の研究では20万人を上限として、4万人、2万人など様々な推計がなされている〉

西尾　共同研究において、虐殺を認めてしまったんです。取り返しのつかない犯罪行為と言っても過言ではありません。

福地　栄維木氏は報告書の中で、〈退路がなかったので、中国の守備軍の一部の将兵は軍服を脱ぎ武器を捨てて、南京の難民区に逃れていった。「敗残兵」を捜査し捕まえるために、日本軍は男性の顔つきだけをもとに勝手に判断した。そのため、多くの民間人が軍人と誤認され殺害された〉と書いていますが、戦時国際法では、兵隊が民間人のふりをして後ろから撃つというたいわゆる便衣兵の殺傷は、合法的な行為でした。

西尾　北岡さんも、〈便衣隊についても、本来は兵士は軍服を着たまま降伏すべきであるが、軍服を脱いで民衆に紛れようとしたから殺してもよいというのは、とんでもない論理の飛躍である〉（『外交フォーラム』）と述べていましたが、北岡、栄維木の両名はハーグ陸戦法規を読んでいないんでしょうか。

福井　おそらく、読んでいないんでしょう。栄維木氏は結論部分で、次のように述べます。

〈日本軍の南京における放火、虐殺、強姦、掠奪は、国際法に著しく違反していた。第二次世界大戦終結後、連合国は東京で、中国は南京でそれぞれ軍事法廷を設けて、南京大虐殺事件に対して審判を行った。

極東国際軍事裁判所での判決書の認定によれば、「占領されてからの最初の一ヵ月に、南京城内では2万件余りの強姦事件が発生した」、「日本の軍隊に占領されてからの最初の六週間で、南京城内と附近の地域で虐殺された民間人と捕虜の数は20万人を超える」。

南京国防部軍事裁判所は、南京大虐殺において集団で虐殺された人数は19万人以上にも上り、他に個別に虐殺された者が15万人以上おり、被害者総数は30余万人であると認定した〉

相変わらず、判で押したようなステレオタイプな論述です。先ほど福地先生がおっしゃったように、日本では東中野さんをはじめとする多くの学識者の地道な研究と実証によって、中国や日本人左翼の唱える南京事件が全くのデタラメ、虚構だということはハッキリしていますが、ここではそれを補完する形で論じたいと思います。

当時の中国に関する最も興味深い事柄の一つは、世界的規模の組織を持つ特定の報道会社に、南京政府がニュースを提供するそのやり方です。

一九二九（昭和四）年前後に、中国国民党政府外務省の宣伝広報局は、これらの報道会社と協定を結びました。協定によれば、この報道会社に毎年、かなりの金額を支払うことになっていました。報道会社は算盤《そろばん》勘定をしながら、南京政府のための宣伝工作活動にも等しい仕事を請け負うことに同意したのです。

この例に見られるような虚偽の宣伝活動は、中国から発信される新聞写真やニュース映画にまで及んでいました。中国で活動している外国の報道会社は、いろいろな便宜をはかってもらうために、自国のカメラマンのみならず、中国人のカメラマンをも採用しています。このことだけでも、中国の写真やニュース映像が虚偽で汚染されていたことがわかります。

南京攻防戦の直後、しばらくの間アメリカとイギリスの映画館は、二人の中国人が日本軍兵士に銃殺される場面を映したニュース映画を上映していました。ところが、調査の結果、このフィルムはそれを遡ること六年前の一九三一（昭和六）年に製作されたものであり、処刑された犠牲者は、中国人の強盗が中国兵に銃殺されたものであることが判明しました。

このことがわかってから、このフィルムは上映されなくなりました。中国における日本軍の虐殺行為というデマを捏造していた虚偽の宣伝活動によって世界中の世論が燃え上がっていた当時、日本は人道に対する敵として、宣伝活動の注目に晒されてしまったのです。

福地　このような手法は、当時の中国の報道機関が始めたものではありませんね。

福井　そうです。第一次世界大戦中、フランス報道局には合成化学写真部という部門がありました。その主な仕事は、切り落とされたクビや叩き割られた頭蓋骨などの模型を作り、その写真をとることでした。このようにして作られた写真は、敵の残虐さの動かぬ証拠として世界中にばらまかれ、プロパガンダの道具として用いられたのです。敵を最も邪悪な姿で表現する写真の偽造は、第一次世界大戦中に一大産業となりました。

さらに時代が下って第二次世界大戦では、ナチスドイツの宣伝相ゲッベルスがこの技術をさらに巧妙化し、芸術的といってよいほどのレベルにまで進化発展させました。

南京の国民党政府は、第一次大戦中に確立されたこの手法を受け継ぎ、それをさらに巧妙に発展させた形でマスターしました。結局、日本は情報宣伝合戦で中国に負けたのです。尖閣諸島事件からもわかるように、この日本人の自己主張下手は、現在もあまり変わっていません。この点を我々は自覚する必要があります。

西尾 さらに恐ろしいことを申し上げます。チャンネル桜の水島総さんから聞いた話では、中国政府は現在、国費百億円を投じ、ハリウッドを動員した南京大虐殺に関する映画製作を計画しているとのことです。

中国政府はこの映画を世界中にばら撒き、日本の歴史を封じ込めようとしているのです。これに対して、日本政府はどのように対抗していくのか。まるで無策でしょう。というより、むしろ対敵協力でしょう。大変深刻な問題です。

中華思想から導き出された倒錯した歴史像

福地 日中合わせて一千ページを超える分量の報告書ですから、まだまだ指摘すべき点は多数あるのですが、ここで、どうしても見逃せない点を二点ほど付け加えたいと思います。それは、福沢諭吉と山縣有朋に対する虚偽に基づいた批判の記述です。

まず福沢諭吉についてですが、「第一部　第一章　近代日中関係の開端」で、北京大学歴史系教授の徐勇氏（他二名）は次のように記します。

〈福沢は（中略）著名な「脱亜論」を発表し、中国と朝鮮を「悪友」、「悪隣」と呼び、中国や朝鮮のような「悪隣」とは手を切るべきであるとし、（中略）「野蛮」なアジアから脱した文明人と自負する〉

福沢がなぜ脱亜入欧に至ったかという背景を一切無視して、非常に西欧文明べったりの日本の侵略主義者のイデオローグ的存在として位置づけています。

柏原　福沢からすれば、朝鮮で近代化を主張していた独立党の金玉均を支援していたのにもかかわらず、それに裏切られたという気持ちが強かったのです。愛情の裏返しのような形で脱亜入欧論が出てくる。当時の中国は暗黒大陸だったわけです。暗黒の中国大陸への反発として、脱亜入欧論が出された。

福地　そもそも、福沢は脱亜入欧を発表する前までは親大陸派でした。「教育の普及が近代化の第一歩である」という信念から、朝鮮においても啓蒙を担う文字の重要性を説き、身銭を切ってでもシナ人を養っていました。ハングルを普及するために、福沢の門下生の井上角五郎は朝鮮初の近代新聞『朝鮮旬報』と『朝鮮週報』に関わり、「井上がいなかったらハングルはなかった」とまで言われています。

それを報告書では、華夷体制の中で、朝鮮半島があり、それを守るのがシナ側の任務であったにもかかわらず、その平和の守りに対して日本がちょっかいを出してきたという理屈を展開する。

福井　まさに中華思想ですね。

福地　同じく徐勇氏は、「第一部　第二章　対立と協力：異なる道を歩んだ日中両国」において、山縣有朋について次のように述べます。

〈日本の戦備拡充方針は明確で、１８８０年山県有朋が作り出した『隣邦兵備略』は、中国を対戦相手としていた〉

この後も、山縣有朋の『隣邦兵備略』がいかに大陸侵略を目論む論考であったかということが、強調され述べられていきます。

私は論集『山県有朋と近代日本』（伊藤隆編著・吉川弘文館）に発表した論文「山県有朋の国防構想の変遷」の中で、『隣邦兵備略』について詳述しています。

簡単に申し上げますと、当時、山縣有朋はロシア帝国の南下・膨張圧力に対して大変な脅威を感じていました。それに対して、中国の軍備強化や国内体制の充実を図る必要があると見ていた一方で、行きすぎた軍備拡張は抑えなければならないとも考えていた。『隣邦兵備略』とは、そのために構想された戦略論だったわけです。ところが、報告書では山縣有朋が隣邦（シナ）を侵略するために立案された作戦であるかのように記述している。明らかに史実と異なります。山縣の議論を、日本は早い段階から侵略国家の芽が出ていたことの強調として用いるだけで、歴史的分析が少しも見られません。

西尾　山縣の『隣邦兵備略』は現実論ですね。福地さんの論文「山県有朋の国防構想の変遷」を引用することなく、ここでも信夫清三郎の『日本外交史』を参考文献として挙げています。第3章で徹底批判をした、東大大学院教授の加藤陽子さんも信夫清三郎の名を挙げていました。

福地　いまだに左翼のバイブルなんですよ。報告書では、〈日本の戦備拡充方針は明確で〉なども書かれていますが、日本にとっては中国の緩慢な動向よりも、ロシア帝国の南下圧力への対応が最重要課題だったわけです。ところが、中国研究者にかかると、福沢も山縣も、まるで西欧主義に凝り固まった侵略主義のイデオローグであるかのごとく論じられています。日本側研究者は、ここでも徹底的に議論をすべきだったのに全くしていない。

柏原　報告書では、ロシアの影響力をすっぽりと抜かしているため、いかにも日本が中国に侵略していったという図式だけが残ってしまっています。戦間期の日本が共産ロシアに対していかに警戒していたかを述べなければ、倒錯した歴史像しか描けないでしょう。

福井　ロシアを書かずして、当時の国際状況を論じることはできませんよ。

西尾　これは歴史のイフとして申し上げますが、仮に日本が出兵していなければ、中国大陸の三分の一はロシア領となっていたことでしょう。朝鮮も含め、中国大陸が真空地帯であったことが日本の最大の悩みであり、それをどのようにして防衛していくかということがあの時代の日本の行動のすべての要因で、それが満州事変に結びついていくわけです。

福地　計画を策定していたのだから侵略戦争を行った証拠だというのは、単なる言いがかりのレベルにすぎません。軍人なるものは、最悪の事態を想定して計画を立案することが重要な任務の一つとしてある。その典型が『隣邦兵備略』であり、この報告書の注にも記されている小川又次の『清国征伐方略』です。それを単に計画の一部分だけを抜き出し、さも日本が侵略計画を練っていた悪逆非道の軍事国家であったかのように断定する。

福井　すべての作戦計画をあげつらって侵略だと言うのであれば、一九一九年に作成されたアメリカの対日戦争戦略オレンジ・プランはどうなるのか。明らかに、アメリカの日本侵略は一九〇〇年代から始まっていたという理屈が成り立ちます。

日本民族の生存圏としての満州

西尾　さて、ここまで「日中歴史共同研究」について討議してきた結果、ソビエト共産主義に対する我が国が感じた脅威と、一九三二（昭和七）年に開催された英連邦諸国の経済会議であるオタワ会議など、英米のブロック経済の締めつけといった脅威が、日本をひしひしと追い込んでいった圧力がおわかりいただけたかと思います。

福井　外側の脅迫感が日本を襲っていたわけですね。

西尾　そうです。私が今回の中国人研究者による報告書を読んでいて改めて感じたことは、日本が戦争に立ち至った大きな要因として、満州が重要な役割を果たしていたという、今までにもよく言われてきた問題点です。

当時、生存圏という言葉が盛んに用いられていたように、満州を押さえなければ日本の防衛は成り立たない、という思いが強かった。ところが、この考えはナチスのレーベンスラウム（生存圏）の思想との類似点もあり、そのため、満州については戦前から一貫して日本人には後ろめたさが付いて回っていました。

しかしこの点に関して、当時の日本人がどのように考えていたのかを知る手がかりとなる書籍がありますので、ご紹介したいと思います。

一九三二（昭和七）年、満州事変が起きた翌年に出された『日米戦ふ可きか』（世界知識増刊・絶版）という論文集がそれです。この中に、朝日新聞外報部長の町田梓楼氏が「如何なる場合に戦ふか」という項目で、日米戦争が万一起こるとしたらどういう理由からか考えてみる、興味深い分析を述べています。

「先づ日本の側から見て、如何なる場合に米国と戦ふ理由があるかを判然たらしめる必要がある。昔喧しかつた移民問題はどうだ。移民問題解決の為に米国と戦端を開く機会があるかどうかといふに、これは問題にならない。移民問題の如きは国運を賭して争ふべき性質のものではないからだ。

布哇《ハワイ》を占領するとかフィリピンを襲撃するとか云ふことは、いよいよ開戦の暁において戦略上の問題として研究されることで、布哇やフィリッピンを米国から奪取するために、戦争を始めることは無論問題にならない。して見ると日本の側から考へて米国と戦はねばならぬ場合があるとすれば、どうしても支那大陸において重大なる利害の衝突が起つた時にのみ限られてゐるのだ」

福井 するどい指摘ですね。

西尾 満州についても言及されます。

「満洲の問題に移る。これは日本としては絶対的性質を有する問題である。従つて他国の出方一つでは国運を賭して対抗せねばならないのだ。満洲事変は日清、日露両戦役以来の、日本の国策の継続であるのだ。支那の正規軍によって満鉄線路が破壊されんとしたから、日本の権益擁護のために軍事行動を起したのだといふのは、子供だましのやうな云分に過ぎない。

日本居留民の生命財産の保護や、権益擁護だけの問題ならば、もつと簡単に片付けられるはずだ。そこには日本帝国の立国的根本政策があるのだ。決して日本の既得権擁護といふやうな消極的目的のために、満洲事変は起つたのではない」

戦後は盛んに既得権益擁護のために満州事変を起こしたと言われていますが、そうではないと言っています。次のように続きます。

「日清、日露両戦役が未解決に残した国策遂行を行つたのだ。それを自衛権といふ言葉によつて表現してもよいが、それは消極的な自衛即ち退いて守るのではなく、積極的自衛即ち民族生存上の必要条件を獲得するための自衛権の発動であることを認識し、またこれを国際的に認識せしめねばならないのだ。（中略）

更にはつきりいふならば、満洲国の独立宣言は、支那の領土保全の原則に違反する。若し第三国がこの種の運動を挑発し助長せしめたとすれば、それは支那の主権を侵害するものであり、当然条約違反の行為たるを免れ得ないといふところに、聯盟の理論があり、また米国の声明の主旨が含まれてゐるのである。

これは議論としては充分成立する問題であつて、必ずしも支那側の宣伝や策動を俟つまでもなく、聯盟国や米国から当然提起さるべき論点である。従つて日本の国際的立場は極めて機微にあることを忘れてはならないと同時に、将来日米の国交に暗影を投げる何等かの原因があるとすれば、問題はこの点にあるのだ」

国際連盟や米国の言い分に、一応の理のあることは全部わかっていると言っていますね。それは、居留民保護の問題や中国政権の問題でもないと。

また、ロシアとの関係からも次のように書かれています。

「世には日本が再び露国と戦端を開くやうな危険はないと主張する向もあるが、それは何処にも根拠のない主観的意見に過ぎない。戦争の危険がないといふのは何れかが、戦争を為し得ない状態であるといふことである、従つて日露関係について見れば、露国が日本に対して戦争を為し得ないといふ適確な状態にあるかないか、もし為し得るとしたならば、どうしたら日本が勝てるかといふことを考究する必要があるのだ。

何れの国でも同じだが、戦争を仮想して勝つか負けるかを研究するよりも、一方を全然戦争を為し得ない状態に置く方が上々の策たることはいふまでもない。満洲国の存立は、実にこの意味における日本の国防計画を確立したものであるのだ。即ち日本民族の生存権の要求に出発したのが満洲事変であり、それを確保する為に建設されたのが満洲国なのである」

当時の日本人は、満州の重要性をきちんと認識していたんです。

「日本は民族生存権の発動として、旧軍閥の満洲における政権の存在を駆逐した。これに対して第三国から兎や角いはれる筋はない。その結果として在満支那民が満洲国建設に動き出した。その動きは日本の国策遂行の目的と一致する故に、日本は彼等の企画を援助して新国家建設の

事業を達成せしめた。（中略）
張家の政権が潰滅しひて新しい満洲民の政権が生れたに過ぎない。その為に何れの国家も特に権利の侵害を受けてゐない、また権益も脅かされてゐない。満洲国は旧満洲政権が残した合法的な契約は、悉くこれを継承しこれを履行することを宣言してゐる。
加ふるに門戸開放、機会均等の原則はこれを厳守する。支那政府もその他何れの第三国も満洲国の出現によつて何ものをも失つてゐないばかりか、寧ろ旧政権に比して遥かに確実にして信用ある政権が現れたのである。そして日本はその忠実なる補導国である」

福井　張作霖政権では、満州の内政や腐敗、悪政は後を絶たず、軍隊維持のために重税を課し、それでも足りずに、不換紙幣を乱発していましたから、両替所が町の至るところにありました。

なぜアメリカは日本と戦争したのか

西尾　そうです。文章は次のように続きます。
「満洲国に対する私の見解は以上の如きものであるが、ここに最後の問題として米国は九国条約、巴里条約の調印国として、この新事態を承認し得ないといふ建前から、果して武力によつて日本の行動を阻止せんと試みるであらうか。日米戦争の可能性はこの一点にある。なぜかといへば、この点に関しては日本は一歩も譲歩し得ないからである。

即ち日本の立場としては、満洲問題の解決は国運を賭して争はねばならぬ所であるのだ。米国が武力によつて抗争せんとするならば、日米戦争は避く可からざる運命となるのである。この疑問の解決は米国の極東政策にある。米国はかくの如き冒険によつて日本の生存権を脅かす必要があるかが問題だ。米国は何を要求するかといふにいふまでもなく、支那の大市場に自国の生産品の捌口を見出すことである」

このように、非常にしっかりした論理で書かれております。

中国人研究家にも、そして日本人研究家にも当てはまることは、日本がなぜ戦争をしたのかということばかりが論じられているのですが、なぜアメリカが日本と戦争をしたのかという問いから始めるべきではないでしょうか。

福井 その問に関しては、蔣介石の戦略も絶対に見落とせません。一九四一年の日米交渉が最終的に決裂し、ハル・ノートに至ったのも、その背後で蔣介石が画策していたからです。日米の駆け引きが最後の大詰めを迎えていた十一月、日本は甲案と乙案を用意しました。甲案にアメリカが難色を示したので、日本は最後の頼みの綱の乙案を提出しました。日本としてはこれ以上、譲歩できないというぎりぎりの線まで譲歩したものです。ここまで譲歩した日本の態度を見て、さすがにハルも心を動かされ、暫定協定案なるものを用意しました。

これは乙案を日本にとってさらに不利にしたものですが、その見返りに、日本に対する石油禁輸を解いて、ほんのわずかの雀の涙（チャーチルはこれをヒナの餌という言葉で評しました）ほどの石油を日本に供給しようというものです。これで、日本の顔をぎりぎり立てることができるのです。ここまで日本が折れてきたのだから、このぎりぎりの最後の局面で、ハルの心も日米双方の顔を立てて丸く収める方向に動いたのです。

ところが、ハルがこの暫定協定案をイギリスと中国に示すと、蔣介石が大反対しました。そんなものを出されたら、せっかくこれまで日本と戦ってきた中国の抗戦体制が崩れる、というのです。

蔣介石は、日本との妥協を一切許しませんでした。「夷をもって夷を制す」の手法でとことん日本を追いつめて日米戦争を起こさせ、アメリカの力で日本を倒させたかったのです。蔣介石こそが、まさに日米交渉の最後の土壇場で開戦の方向に流れを変えさせたのです。

これによって、ハルは用意していた暫定協定案を取り下げ、いわゆるハル・ノートを日本に突きつけてきました。その結果がどういうことになったかは、皆さまご承知のとおりです。

福地　戦争をしないと公約していたアメリカのフランクリン・ルーズベルト大統領は、なぜ戦争に走ったのか。その謎解きは、アメリカ人研究家たちの間では一種のタブーとなっていると聞きます。ルーズベルトタブーと呼ばれている。

いわゆる、陰謀史家と言われて揶揄される研究者の多くは、ルーズベルトが国際金融巨大財閥の使い走りをさせられていたという結論に結びつけていくわけですが、私はその見解を支持すると申し上げたい。つまり、陰謀史観を揶揄して世間から抹殺する連中こそが「壮大な陰謀家」であり、揶揄される人々のほうが「歴史の事実」に忠実だと、私は理解しているということです。

西尾 多くの昭和史論者たちは、日本がアメリカを激発させ、虎の尾を踏んだというようなことを前提として議論を始めますが、そうではなく、最初からアメリカには対日攻略意図があり、どうしても譲れない国益護持の一線があり、そこを越えたら攻略する、と考えていた。それが、中国問題や満州問題であった。つまり、どのような道筋を辿っても、日本にとって戦争は避けられなかったのではないでしょうか。日本がアメリカとではなく、なぜアメリカが日本と戦争を始めたのか。その問いを考えなければ、歴史を論じたことにはならないのです。

これまで長時間にわたって二〇〇八年「日中歴史共同研究」を批判してきましたが、これは世界を見渡したこうした根本問題をはなから逃げている歴史研究であって、研究の名に値しません。日本側研究者グループはひたすら中国側にすり寄り、彼らの主張する前提に自分を合わせ、相手と学問的に戦うということをしていません。

しかしよく考えてみると、我々四人がこれまで取り組んできた、いわゆる「昭和史」論者たちもまた総じて、旧敵国の立場で自国の歴史を裁くことに疑問なく、戦争前の日本の立場にいったん立ち戻り、そこから学問的に考え直すということを決してしません。我々は、こんなことでうかうかして「戦後百年」を迎えてしまってよいのでしょうか。これでは、戦場に散った戦士たちの魂にどう顔向けもできないでしょう。

［著者紹介］

西尾幹二（にしお　かんじ）

1935年、東京生まれ。東京大学文学部独文科卒。同大学大学院文学修士。文学博士。電気通信大学名誉教授。著書に『ヨーロッパの個人主義』『ニーチェとの対話』（以上、講談社現代新書）、『異なる悲劇　日本とドイツ』『江戸のダイナミズム』（文藝春秋）、『歴史を裁く愚かさ』（PHP 研究所）、『国民の歴史』（扶桑社）、『沈黙する歴史』『GHQ 焚書図書開封 1 ～12』『歴史の真贋』（徳間書店）など。2011年秋より『西尾幹二全集』（全22巻）を国書刊行会から刊行中。

福地 惇（ふくち　あつし）

1945年、茨城県生まれ。高知大学名誉教授。『新しい教科書をつくる会』前副会長。1969年、東京大学文学部国史学科卒業。1976年、同大学院博士課程修了。高知大学専任講師、助教授、教授を経て1998年、文部省に転出、主任教科書調査官、視学官を歴任。2003年退官後、大正大学文学部教授。防衛省統合幕僚学校講師も務める。著書に『明治新政権の権力構造』（吉川弘文館）、『木戸孝允における理想と現実』（国立教育会館）、『欺瞞の歴史を斬る』（沢口企画）、編著に『明治日本の政治家群像』（吉川弘文館）などがある。

柏原竜一（かしはら　りゅういち）

1964年生まれ。情報史研究家。京都大学文学部西洋史学科卒業。同大学文学部フランス語学・文学科卒業。専門は、西側情報機関の歴史研究。「情報史研究会」所属。著書に『世紀の大スパイ　陰謀好きの男たち』（洋泉社）、『インテリジェンス入門』（PHP 研究所）、『陰謀と虐殺』（ビジネス社）、『北朝鮮発第三次世界大戦』（祥伝社）、共著に『インテリジェンスの20世紀』（千倉書房）、『世界のインテリジェンス』（PHP 研究所）、『名著で学ぶインテリジェンス』（日経ビジネス人文庫）などがある。

福井雄三（ふくい　ゆうぞう）

1953年鳥取県倉吉市生まれ。東京大学法学部卒業。企業勤務の後、大阪青山短期大学教授を経て、現在は、東京国際大学教授。専攻は国際政治学、日本近現代史。行動する社会学者を信条に、ソ連崩壊の年に地球一周の旅を敢行、激動するソ連・東欧の社会情勢を現地取材。その後、中国大陸の全域および台湾を踏破。著書に『板垣征四郎と石原莞爾』『よみがえる松岡洋右』（PHP 研究所）、『「坂の上の雲」に隠された歴史の真実』（主婦の友インフォス情報社）、『開戦と終戦をアメリカに発した男』（毎日ワンズ）、翻訳書に『シナ大陸の真相』（展転社）、『北朝鮮の交渉戦略』（日新報道）など。

自ら歴史を貶《おとし》める日本人

第1刷　2021年9月30日
第2刷　2021年10月25日

著者／西尾幹二＋現代史研究会
福地惇, 柏原竜一, 福井雄三

発行人／小宮英行
発行所／株式会社 徳間書店　〒141-8202　東京都品川区上大崎3-1-1　目黒セントラルスクエア
電話／編集 03-5403-4344　販売／049-293-5521
振替／00140-0-44392
カバー印刷／近代美術株式会社
印刷・製本／中央精版印刷株式会社

ISBN978-4-19-865348-4